COURS & ENTRAÎNEMENT

2de

NOUVEAU BAC

prépabac

Sciences économiques et sociales

• **Sylvain Leder**
Professeur agrégé de SES
Lycée Edgar-Poe (Paris)

• **François Porphire**
Professeur certifié de SES
Lycée Prepasup (groupe Ipesup – Paris)

Hatier

Maquette de principe : Frédéric Jély
Mise en pages : STDI
Schémas : STDI
Iconographie : Hatier Illustration
Édition : Clothilde Diet

ISBN 978-2-401-05283-3

AVANT-PROPOS

VOUS ÊTES EN SECONDE et vous savez que la réussite en SES demande un travail régulier tout au long de l'année ? Alors ce Prépabac est pour vous !

L'ouvrage va vous permettre en effet de mémoriser les connaissances essentielles sur chacun des thèmes du nouveau programme de SES en 2de, et d'acquérir progressivement des méthodes clés dans la discipline : exploiter des informations statistiques, calculer un taux de variation ou une moyenne, construire un raisonnement…

Cet objectif est rendu possible grâce à un ensemble de ressources très complet : des fiches de cours – synthétiques et visuelles –, des cartes mentales récapitulatives, des exercices progressifs, et enfin des sujets guidés, pour ceux qui envisagent de choisir la spécialité SES en 1re.

Nous vous recommandons de les utiliser régulièrement, en fonction de vos besoins. Ainsi vous pourrez aborder vos contrôles de SES en toute sérénité et acquérir des compétences utiles pour la suite de vos études.

Bonnes révisions !

Les auteurs

Sylvain Leder

François Porphire

SOMMAIRE

Économistes, sociologues et politistes

Économie

Comment crée-t-on les richesses ?

Comment mesure-t-on les richesses ?

Comment fonctionne un marché ?

Comment l'État intervient-il sur les marchés ?

Sociologie

Quels sont les processus de socialisation ?

En quoi la socialisation est-elle différenciée ?

Science politique

Comment s'organise la vie politique ?

Comment s'organise la compétition politique ?

Regards croisés

Diplôme, emploi et salaire

Liste des méthodes

Liste des savoir-faire

Comment économistes, sociologues et politistes raisonnent-ils ?

Les sciences économiques et sociales permettent de croiser les regards de plusieurs disciplines : économie, sociologie et science politique. Elles peuvent ainsi mettre à jour les différents enjeux d'événements complexes tels que le mouvement des « gilets jaunes ».

1 En quoi consiste l'économie ?

En bref *L'intérêt que suscite l'économie aujourd'hui est sans doute lié à l'une de ses promesses : l'enrichissement de tous, ou du moins du plus grand nombre. Mais cet objectif n'est pas le seul désirable, et la focalisation dont il bénéficie porte le risque que nos aspirations sociales s'y réduisent.*

I Définitions et objets

1 La satisfaction des besoins et l'enrichissement

- Pour le philosophe Aristote (384-322 av. J.-C.), l'**économie** désigne l'organisation des hommes au sein de la famille pour subvenir à leurs besoins, par la production, l'échange et la consommation.

MOT CLÉ
Du grec *oikos* (« maison ») et *nomos* (« règle »), l'**économie** signifie étymologiquement les règles de la maison, l'art de bien administrer une maison.

- Au XVIIe siècle apparaît l'expression d'« économie politique », employée par Antoine de Montchrestien (1575-1621). Elle désigne cette fois l'étude de la production, de l'échange, de la répartition et de la consommation des richesses produites à l'échelle d'un pays.
- Adam Smith (1723-1790) influence de façon durable l'économie en lui donnant comme objet l'étude des moyens d'accroître la quantité de biens et services produits.

2 L'allocation optimale des ressources rares

- À la fin du XIXe siècle, les économistes néoclassiques redéfinissent l'économie comme la science qui étudie les conditions de l'allocation optimale des ressources rares.
- Selon eux, cette allocation est optimale lorsque les ressources sont attribuées aux individus qui les valorisent le mieux, c'est-à-dire qui en font le meilleur usage. Et ces derniers sont ceux qui sont prêts à payer le plus pour les acquérir. Ils sont identifiés sur les marchés, lieux où se révèlent et se confrontent les préférences des individus. → FICHES 13 à 16

INFO + Adam Smith
- Économiste écossais (1723-1790)
- Père des sciences économiques modernes
- Ouvrage phare : *Recherches sur la nature et les causes de la richesse des nations* (1776)

II Les démarches des économistes

1 L'individualisme méthodologique

■ Il consiste à expliquer tout phénomène social comme le résultat des choix rationnels des individus. Cette démarche est dite microéconomique.

■ Les économistes néoclassiques considèrent ainsi que les individus, rationnels, cherchent à maximiser leur satisfaction. Ils en déduisent une **théorie**, ainsi que des **modèles**, le plus célèbre étant celui du « marché concurrentiel ». → FICHES 13 à 16

MOTS CLÉS
Une **théorie** est un ensemble de lois reliées entre elles. Un **modèle** est une représentation déduite d'une théorie, permettant d'en tirer des prédictions.

2 L'institutionnalisme

■ Il consiste à expliquer tout phénomène par les « institutions », c'est-à-dire les règles sociales qui encadrent les comportements des individus, et dont ces derniers n'ont pas toujours conscience. Cette démarche est dite macroéconomique.

■ Ainsi, lorsque le prix d'un bien augmente, il serait rationnel pour un individu d'en réduire sa consommation. Pourtant, Thorstein Veblen montre que le contraire se passe lorsque la consommation du bien vise à montrer le prestige du consommateur.

■ Ce courant rassemble les héritiers de Keynes – père de la macroéconomie → FICHE 17, de Marx ou encore les théoriciens de la décroissance. → FICHE 12

zoOm

Analyses micro et macroéconomique du chômage

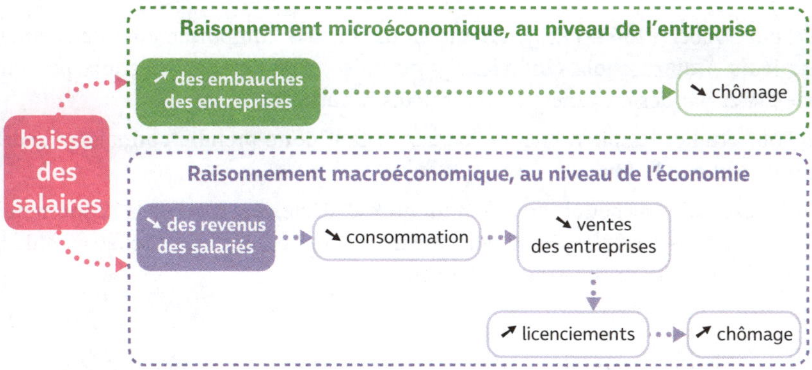

■ Au niveau microéconomique, une entreprise rationnelle peut augmenter ses embauches si les salaires baissent.

■ Mais au niveau macroéconomique (économie dans sa globalité), si tous les salaires baissent, la consommation pourrait diminuer et devenir insuffisante pour écouler les produits des entreprises ; celles-ci devraient alors licencier.

2 En quoi consiste la sociologie ?

En bref *La sociologie étudie scientifiquement la formation des sociétés humaines, les liens qui y unissent les individus et leurs comportements. Comme l'économie, elle peut privilégier un point de vue macro ou microsocial.*

I Les approches de la sociologie

1 L'approche macrosociale d'Émile Durkheim

- Selon Durkheim (1858-1917), la société a ses propres règles qui s'imposent aux individus sans qu'ils en aient conscience. → FICHE 20

- Pour les découvrir, le sociologue adopte une démarche portant le nom de holisme méthodologique. Celle-ci consiste à : 1) se défaire des préjugés qui influencent ses observations ; 2) identifier les faits sociaux (FS), phénomènes fréquents dans une société ; 3) expliquer tout fait social (FS1) par un autre fait social (FS2).

- Par exemple, on pourrait penser que les individus divisent le travail pour gagner en productivité → FICHES 7 et 8. « Préjugé ! », répond Durkheim : la division du travail (FS1) s'explique par l'augmentation de la population (FS2) ; la société l'impose pour favoriser l'interdépendance entre individus, limiter les conflits et renforcer la **cohésion sociale**.

MOT CLÉ
La **cohésion sociale** désigne les liens unissant les individus d'un groupe et leur attachement au groupe.

2 L'approche microsociale de Max Weber

- Pour Weber (1864-1920), les individus ont des comportements déterminés par leurs propres choix (individualisme méthodologique). Ces choix peuvent être dictés par des croyances ou des calculs rationnels.

- Pour étudier les phénomènes sociaux, il faut donc prendre connaissance des motivations individuelles.

- Par exemple, Weber observe, à la fin du XIXe siècle, que la réussite économique des protestants peut s'expliquer par une interprétation des textes religieux qui les enjoindrait à réussir professionnellement.

INFO + **Émile Durkheim**
- Sociologue français (1858-1917)
- Représentant de la sociologie déterministe
- Ouvrage phare : *Les Règles de la méthode sociologique* (1895)

II Les méthodes de la sociologie

1 Les variations concomitantes

Inspirée des sciences naturelles, cette méthode consiste à étudier des corrélations entre plusieurs variables. → SAVOIR-FAIRE p. 21

2 L'entretien

Il consiste à recueillir les croyances et motivations d'un enquêté. Il peut être non directif (l'enquêté parle librement), directif (il répond à des questions préparées) ou semi-directif (thèmes imposés, mais questions qui évoluent durant l'entretien).

3 L'observation directe

Elle consiste à observer les individus en situation. L'observation directe est utile si un comportement ne semble pas corrélé à un fait social particulier et si les individus ne savent pas ce qui les motive. Ainsi, on a pu observer que des prisonniers se rendaient à la bibliothèque non pour s'instruire, mais pour influencer en leur faveur la commission des libérations sur parole.

4 L'objectivation participante

Elle consiste à s'introduire dans une collectivité pour mieux comprendre ses mécanismes de socialisation → FICHES 20 et 21. Parce qu'il y était élève, Pierre Bourdieu a pu théoriser l'idée que les « écoles d'élite » avaient moins pour vocation de former que de distinguer leurs élèves.

MOT CLÉ

La **distinction** consiste à montrer sa supériorité sociale par son comportement, ses choix de consommation, etc.

zoOm

Le chômage est-il une cause de suicide ?

- Ce graphique présente l'évolution des suicides et du chômage en France entre 1975 et 2009. On observe une corrélation positive entre le taux de chômage et le nombre de suicides. La crise de 2008 s'est ainsi accompagnée d'une hausse des suicides.
- Attention, une corrélation n'est pas une causalité. Ces suicides peuvent être expliqués par d'autres variables (surendettement, isolement, etc.).

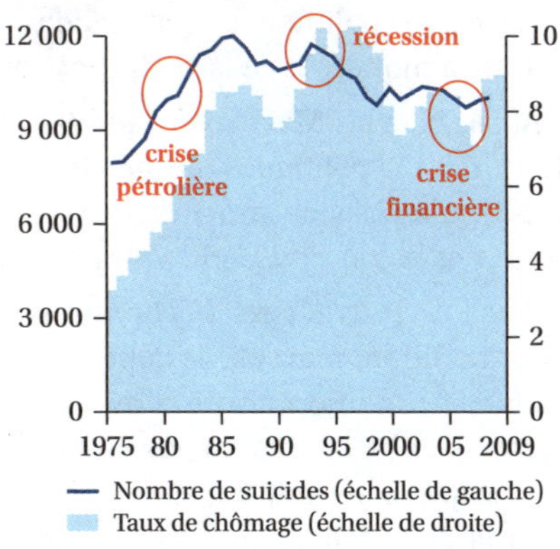

Source : Inserm.

3 En quoi consiste la science politique ?

En bref *Pour vivre harmonieusement, une société peut être amenée à prendre des décisions qui concerneront l'ensemble de ses membres. La science politique étudie la façon dont se prennent ces décisions, dont les individus accèdent au pouvoir de décider, et dont sont construites ces règles.*

I Les origines de la science politique

1 La science politique dans l'Antiquité

- Dès le VIIIe siècle avant Jésus-Christ, **Homère** décrit dans *L'Odyssée* des assemblées réunies afin de régler des conflits. Chacun, à son tour de parole, peut proposer une solution ; celle qui obtient l'accord général est retenue.

- Mais c'est **Hérodote** (Ve s. av. J.-C.) qui, le premier, étudie méthodiquement les systèmes de prise de décision. Il distingue la monarchie, pouvoir d'un seul – qui a sa préférence si le monarque est « homme de bien » –, l'oligarchie, pouvoir d'une minorité, et la **démocratie**, pouvoir de tous. **Platon** (V^{e}-IVe s. av. J.-C.), lui, donne sa préférence à l'aristocratie, pouvoir d'une minorité constituée des « meilleurs ».

> **MOT CLÉ**
> Dans une **démocratie**, les gouvernés sont associés aux principales décisions concernant la façon dont ils sont gouvernés.

- **Aristote** (IVe s. av. J.-C.) précisera que ce qui importe n'est pas de savoir qui a le pouvoir (un seul, une minorité ou tous), mais comment et dans quel but le pouvoir est exercé.

2 La science politique moderne

- La science politique devient moderne lorsqu'elle se **libère de la religion**, qui impose sa morale, et de la tradition, qui impose le respect des usages.

- Ainsi, **Nicolas Machiavel** (1469-1527) ne cherche pas à décrire une société idéale, mais la politique telle qu'elle est pratiquée. Son œuvre maîtresse, *Le Prince* (1532), n'est pas un traité théorique, mais un guide pratique pour conquérir le pouvoir et le conserver, en sacrifiant la morale si nécessaire.

- Aux XVIe et XVIIe siècles, **Thomas Hobbes** et **John Locke** justifient l'État non par la tradition, mais par le **contrat** : des individus, libres et égaux, acceptent de se soumettre à une autorité commune qui doit assurer la paix sociale. Le premier préconise de lui confier un pouvoir absolu, incontestable. Le second, au contraire, affirme que le pouvoir doit être divisé pour être contenu → FICHE 29 et qu'il existe un droit de dissoudre le gouvernement s'il n'œuvre pas au bien commun.

II Les démarches de la science politique

1 La démarche positiviste

■ S'appuyant sur la méthode des variations concomitantes → FICHE 2, elle cherche les caractéristiques et lois sociales propres au fonctionnement des différents **régimes politiques**.

> **MOT CLÉ**
> Un **régime politique** est un mode d'organisation des pouvoirs publics : processus de désignation, compétences, rapports entre les différents pouvoirs.

■ Cette démarche permet ainsi d'identifier ce qui caractérise les démocraties : la séparation des pouvoirs, la pluralité des partis politiques, la liberté de choix des citoyens. → FICHE 27

2 La démarche compréhensive

■ Les phénomènes politiques s'expliquent par des choix conscients et motivés des individus, non par des lois (individualisme méthodologique → FICHE 2).

■ Cette démarche permet de comprendre la dérive d'une démocratie vers la « tyrannie de la majorité » (Tocqueville, XIXe s.) : comme il est impossible d'avoir une bonne connaissance de tous les sujets, la plupart des décisions sont prises en se fiant à l'avis majoritaire.

3 La démarche réaliste critique

Elle tente de concilier les deux démarches précédentes : elle reconnaît l'existence de lois sociales, mais considère que le politologue peut se tromper dans ses observations et donc dans l'énoncé de ces lois, qui peuvent alors changer.

zoOm

Les différentes constitutions selon Aristote

Finalité de l'exercice du pouvoir \ Nombre de gouvernants	un seul	une minorité	tous
intérêt général	monarchie	aristocratie	démocratie
intérêt particulier	tyrannie	oligarchie	tyrannie de la majorité

■ Selon Aristote, la monarchie peut œuvrer à l'intérêt général ; c'est lorsque le monarque agit en son seul intérêt qu'il devient un tyran.

■ De même, le peuple n'agit pas toujours au nom de l'intérêt général : s'il se laisse guider par ses passions plutôt que par sa raison, il devient lui-même tyrannique.

4 Exemple d'analyse croisée en SES : le phénomène des séries TV

En bref *L'enseignement de SES propose de soumettre des objets d'étude aux regards croisés de l'économie, de la sociologie et de la science politique. La pertinence de cette approche peut être illustrée par un exemple : l'analyse du phénomène des séries télévisées.*

I Économie et séries télévisées

1 Le marché des séries aux États-Unis

- Côté offre, le nombre de saisons de séries diffusées est passé de 200 à près de 500 par an. Les producteurs, en nombre croissant, sont les chaînes, les sites de *replay* et les plateformes de *streaming*.
- Côté demande, 1 500 acheteurs provenant de 70 pays se présentent tous les ans au L.A. Screenings, marché des nouvelles saisons des séries américaines.
- L'offre augmente plus vite que la demande, c'est pourquoi certains producteurs quittent le marché (Yahoo!, Microsoft), d'autres annulent des diffusions (Netflix).

2 Le subventionnement des séries européennes

- 45 fonds européens dépensent environ 170 millions d'euros de **subventions** par an pour soutenir la production de séries.
- L'objectif est de rivaliser avec les productions américaines qui dépensent deux fois plus par épisode.

MOT CLÉ
Une **subvention** est une somme versée par les administrations publiques aux producteurs pour influencer leur niveau de production, leurs prix ou les rémunérations qu'ils versent.

- Pari réussi : pour la première fois en 2017, les séries américaines représentent moins de 50 % des séries les plus regardées en Europe.

II Sociologie et séries télévisées

1 Que font les séries télévisées aux individus ?

- Les séries télévisées influencent valeurs et pratiques. Les séries policières ont amélioré l'image de la police ; les séries hospitalières ont créé des vocations de médecins (*Urgences*) ; d'autres encore sensibilisent aux thèmes de l'homosexualité ou du don d'organes (*Plus belle la vie*).
- Il est possible de distinguer différents attachements aux séries (Clément Combes) : du « suiveur » respectueux des rendez-vous fixés par les diffuseurs, au « méthodique » qui s'applique à connaître réalisateurs, acteurs, etc., en passant par l'« addict » qui ne maîtrise plus sa consommation.

2 Que font les individus des séries télévisées ?

- Les spectateurs ne sont pas nécessairement vulnérables et passifs, et sont **capables de résister aux messages médiatiques**, voire d'en transformer le sens. Des sociologues ont montré que les spectateurs sélectionnaient les éléments qui les arrangeaient pour renforcer leurs propres représentations du monde.
- Avec la multiplication des supports - DVD, *streaming*, etc. -, **les pratiques se modifient** : aux rendez-vous réguliers fixés par le diffuseur se substituent de nouvelles formes de consommation, comme le stockage provisoire, la collection, le *binge-watching* (« visionnage boulimique »).

III Science politique et séries télévisées

Les séries influencent l'**opinion publique** : le créateur de *Borgen* souhaitait que sa série soit un hommage à la démocratie. Mais quand l'héroïne appelle à oublier les divisions entre partis, elle contribue à discréditer l'idée qu'il puisse exister des intérêts contradictoires dans la société, pourtant à la source des débats publics.

MOT CLÉ
L'**opinion publique** désigne la manière de penser la plus répandue dans une société, celle de la majorité.

zoOm

David Palmer, dans la série *24 heures chrono*

- Dans la saison 2 de *24 heures chrono*, l'acteur Dennis Haysbert incarne David Palmer, premier Noir à occuper le poste de président des États-Unis.
- Diffusée en 2003, cette série aurait contribué à familiariser l'opinion américaine avec l'idée qu'un Afro-Américain puisse occuper cette fonction. Et ce faisant, facilité l'élection de Barack Obama en 2008.

MÉMO VISUEL

LES SCIENCES ET

L'économie

Objectifs

- Subvenir aux besoins de la population (Aristote)
- Enrichir la population (Adam Smith)
- Utiliser le plus efficacement possible les ressources rares (néoclassiques)

Démarches

- **Individualisme méthodologique** : étudier les décisions individuelles et leur confrontation sur les marchés, aboutissant à la fixation des prix et des quantités échangées
- **Institutionnalisme** : expliquer le comportement économique des individus par les règles sociales imposées par les institutions

La sociologie

Objectifs

- Étudier les liens qui unissent les individus
- Étudier les comportements des individus en société

Démarches

- **Holisme méthodologique** (Durkheim) : découvrir les règles qui s'imposent aux individus

  Méthode des variations concomitantes

- **Individualisme méthodologique** (Weber) : partir des raisons d'agir des individus, puis expliquer leurs effets sociaux

  Méthode de l'entretien

La science politique

Objectifs

- **Auteurs antiques** :
  – régler les conflits (Homère)
  – comparer les systèmes de décision (Hérodote)
  – comparer les buts de l'exercice du pouvoir (Aristote)
- **Auteurs modernes** :
  – conquérir et conserver le pouvoir par tout moyen (Machiavel)
  – étudier le contrat, socle de la paix sociale (Hobbes et Locke)

Démarches

- **Démarche positiviste** : rechercher les caractéristiques des différents régimes politiques
- **Démarche compréhensive** : étudier comment les croyances influencent les systèmes politiques
- **Démarche réaliste critique** : étudier comment les croyances orientent l'idée que l'on se fait des régimes politiques

Quels pays ont les caractéristiques de la démocratie ?

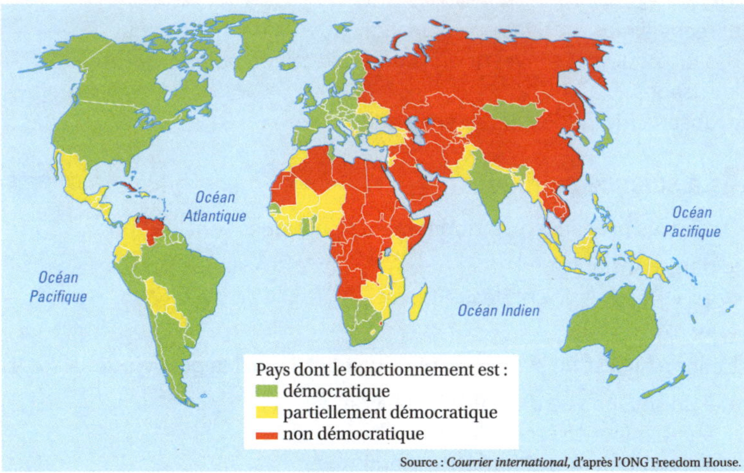

Source : *Courrier international*, d'après l'ONG Freedom House.

SE TESTER QUIZ

Vérifiez que vous avez bien compris les points clés des **fiches 1 à 4**.

1 L'économie

→ FICHE 1

1. Pour les néoclassiques, l'allocation des ressources est optimale si…

☐ **a.** ceux qui sont prêts à payer le plus accèdent aux ressources.
☐ **b.** l'État décide de l'utilisation de toutes les ressources.
☐ **c.** les individus sont respectueux de l'environnement.

2. L'individualisme méthodologique est une démarche qui consiste à partir…

☐ **a.** de l'étude des choix rationnels des individus.
☐ **b.** de l'étude des règles qui encadrent les comportements des individus.
☐ **c.** ni de l'un, ni de l'autre.

3. L'institutionnalisme est une démarche qui consiste à partir…

☐ **a.** de l'étude des choix rationnels des individus.
☐ **b.** de l'étude des règles qui encadrent les comportements des individus.
☐ **c.** ni de l'un, ni de l'autre.

2 La sociologie

→ FICHE 2

1. Comment peut-on qualifier la démarche suivie par Émile Durkheim ?

☐ **a.** macrosociale ☐ **b.** holiste ☐ **c.** microsociale

2. Comment peut-on qualifier la démarche suivie par Max Weber ?

☐ **a.** macrosociale ☐ **b.** holiste ☐ **c.** microsociale

3. La méthode de l'observation directe consiste à…

☐ **a.** recueillir les motivations d'un individu à l'aide d'une enquête.
☐ **b.** s'introduire et s'investir dans une collectivité pour en comprendre les usages.
☐ **c.** observer les individus en situation.

3 La science politique

→ FICHE 3

1. Quand les premiers questionnements politiques sont-ils apparus ?

☐ **a.** dans l'Antiquité
☐ **b.** au VIIIe siècle avant Jésus-Christ
☐ **c.** au XVIe siècle

2. L'oligarchie est un système politique dans lequel le pouvoir appartient…

☐ **a.** à un seul en vue de l'intérêt général.
☐ **b.** à une minorité recherchant son seul intérêt.
☐ **c.** à tous au nom de l'intérêt général.

S'ENTRAÎNER

4 Comprendre le vocabulaire du cours

→ FICHES 1 à 4

Reliez chaque discipline à ses objets d'étude.

économie •	• le règlement des conflits
	• l'allocation des ressources
sociologie •	• les faits sociaux
	• la conquête du pouvoir
science politique •	• la cohésion sociale
	• la satisfaction des besoins

5 Se repérer sur un graphique

→ FICHE 2

Document **Espérance de vie à la naissance par sexe et revenu mensuel, en France (2012-2016)**

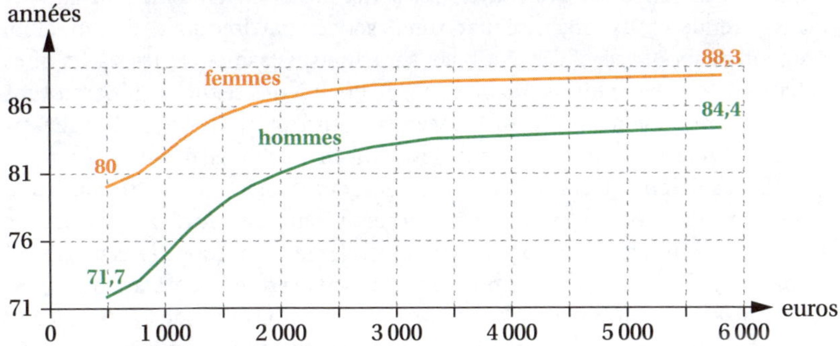

Source : Insee.

1. Faites une phrase indiquant la lecture de la donnée « 88,3 » concernant les femmes gagnant 5 800 euros par mois.

2. Observez l'évolution des deux courbes. Que constatez-vous ?

Savoir-faire

Distinguer corrélation et causalité

- Deux variables sont corrélées si elles varient en même temps. Si l'évolution se fait systématiquement dans le même sens, c'est une **corrélation positive** ; si elle se fait dans des sens différents, une **corrélation négative**.
- On parle de **causalité** lorsque l'évolution d'une variable entraîne l'évolution d'une autre variable.
- Attention : corrélation ne veut pas toujours dire causalité ! D'autres hypothèses sont envisageables : que la corrélation soit la cause ou la conséquence d'une troisième variable, ou qu'elle soit le fruit du hasard !

6 Réviser le cours en 6 questions flash

→ FICHES 1 à 3

1. Qu'est-ce qui caractérise le raisonnement des économistes néoclassiques ?
2. En quoi les économistes institutionnalistes s'opposent-ils aux néoclassiques ?
3. Pourquoi peut-on dire que l'approche de Durkheim est macrosociale ?
4. Pourquoi peut-on dire que l'approche de Weber est microsociale ?
5. Pourquoi peut-on dire que Machiavel offre une approche moderne de la science politique ?
6. En quoi la démarche de Tocqueville peut-elle être qualifiée de compréhensive ?

7 Comprendre un texte

→ FICHES 1 à 3

Document

Les circonstances qui conduisent à un échange de consentements pour décider d'un mariage ou d'une vie commune sont celles d'un marché. Les modalités de rencontre sont diverses : petite annonce dans un journal spécialisé, rendez-vous organisé par une agence matrimoniale ou un club, rencontres spontanées. Ces contacts sont indispensables, et les partenaires échangent une série d'informations sur la qualité des services qu'ils peuvent se rendre mutuellement ou sur le type d'aventure qu'ils désirent. Ces renseignements prennent différentes formes : ouï-dire, échange de curricula vitae, etc. Ils requièrent divers intermédiaires : agences matrimoniales, marieurs, amis. L'accord conclu et librement accepté peut être formel (contrat de mariage) ou informel (union libre). Généralement les conditions de travail (femme au foyer ou non), le nombre d'enfants (voire la date à laquelle on les désire), le partage des tâches seront implicitement décidés à l'avance et renégociés dès qu'il sera nécessaire de le faire pour maximiser le bien-être du couple.

Bertrand Lemennicier, *Le marché du mariage et de la famille*, Paris, PUF, 1988.

1. Soulignez un ou deux passages du texte qui révèlent que son auteur adopte un raisonnement néoclassique.

2. En vous appuyant sur le texte et sur vos connaissances, rédigez un développement construit d'une dizaine de lignes pour expliquer les caractéristiques de l'approche néoclassique.

CONSEIL

Faites deux ou trois paragraphes : un pour chacune des grandes caractéristiques de l'approche néoclassique.

CORRIGÉS

SE TESTER QUIZ

1 L'économie

1. **Réponse a.** Pour les néoclassiques, l'allocation des ressources est optimale si ceux qui sont prêts à payer le plus accèdent aux ressources.

2. **Réponse a.** L'individualisme méthodologique est une démarche consistant à partir de l'étude des choix rationnels des individus.

3. **Réponse b.** L'institutionnalisme est une démarche consistant à partir de l'étude des règles qui encadrent les comportements des individus.

2 La sociologie

1. **Réponses a et b.** Émile Durkheim suit une démarche macrosociale et holiste.

2. **Réponse c.** Max Weber suit une démarche qualifiée de microsociale, car elle s'intéresse aux motivations que les individus expriment pour expliquer leurs choix.

3. **Réponse c.** La méthode de l'observation directe consiste à observer les individus en situation. La réponse **a** correspond à l'enquête, la réponse **b** à l'objectivation participante.

3 La science politique

1. **Réponses a et b.** Les premiers questionnements politiques apparaissent dans l'Antiquité, et plus précisément au VIIIe siècle avant Jésus-Christ. En effet, l'*Odyssée* d'Homère décrit les premières assemblées visant à régler les conflits.

2. **Réponse b.** L'oligarchie est un système politique dans lequel le pouvoir est détenu par une minorité recherchant son seul intérêt. La réponse **a** correspond à la monarchie, et la réponse **c** à la démocratie selon Aristote.

S'ENTRAÎNER

4 Comprendre le vocabulaire du cours

- **Économie** : allocation des ressources, satisfaction des besoins.
- **Sociologie** : faits sociaux, cohésion sociale.
- **Science politique** : règlement des conflits, conquête du pouvoir.

5 Se repérer sur un graphique

1. Selon l'Insee, entre 2012 et 2016, les femmes gagnant 5 800 € par mois avaient une espérance de vie de 88,3 ans à la naissance.

2. On observe une **corrélation positive** entre revenu mensuel et espérance de vie à la naissance. En effet, l'écart d'espérance de vie entre la femme qui perçoit le revenu le plus faible et les autres augmente avec le revenu : les femmes qui gagnent

1 500 et 5 800 € vivent respectivement 5,5 et 8,5 ans de plus que celles qui gagnent 500 €. On observe le même phénomène chez les hommes.

6 Réviser le cours en 6 questions flash

1. Le raisonnement néoclassique se caractérise par l'**individualisme méthodologique**, l'hypothèse d'**individus rationnels** qui cherchent à maximiser leur satisfaction, et le modèle du **marché concurrentiel**.

2. Les institutionnalistes, contrairement aux néoclassiques, considèrent que le comportement des individus obéit à des **institutions** (règles qui les encadrent) qu'il s'agit de mettre à jour.

3. Durkheim considère que la société a des **règles** qui lui sont propres (niveau macro), dont les individus (niveau micro) n'ont pas spontanément conscience, et qui s'imposent à eux.

4. Weber considère que, pour comprendre les phénomènes sociaux, il faut partir des **motivations des individus** (niveau micro) et en étudier les effets sociaux (niveau macro).

5. Avant Machiavel, les raisonnements politiques avaient le souci de la morale et de la tradition. Machiavel, le premier, défend l'idée que **tout moyen est bon pour conquérir et conserver le pouvoir**, même aux dépens de la morale.

6. Tocqueville s'intéresse moins aux caractéristiques des modèles démocratiques qu'aux **choix conscients et motivés des individus.**

7 Comprendre un texte

1. Le passage suivant peut être souligné : « Les circonstances qui conduisent à un échange de consentements pour décider d'un mariage ou d'une vie commune sont celles d'un marché » (l. 1-2).

2. ■ Le raisonnement néoclassique se caractérise par le modèle du **marché concurrentiel**, sur lequel la confrontation des décisions des agents économiques permet l'allocation optimale des ressources. Ainsi, le texte présente le mariage comme un phénomène obéissant aux lois d'un marché, où les hommes sont demandeurs et où les femmes sont offreuses (ou l'inverse). Sur ce marché, chacun est en concurrence : si l'une ou l'autre des parties n'apporte pas une contrepartie satisfaisante, un(e) autre lui sera préféré(e).

■ Les néoclassiques partent de l'**hypothèse que les individus sont rationnels** et donc cherchent à maximiser leur satisfaction. Par exemple, d'après le texte, hommes et femmes décident d'échanger leurs consentements de façon rationnelle, pour « maximiser leur bien-être ».

■ La démarche néoclassique privilégie l'**individualisme méthodologique**. Ainsi, le texte n'évoque aucunement des règles sociales qui s'imposeraient aux hommes et aux femmes pour choisir leur conjoint(e)s.

CONSEIL

Dans chaque paragraphe, commencez par la théorie puis illustrez-la par un exemple issu du texte.

Comment crée-t-on les richesses ?

La RATP offre un service de transport de voyageurs. Elle combine différentes ressources : force de travail, infrastructures, énergie. Le progrès technique a permis la mise en service de lignes de métro entièrement automatiques.

5 Qui sont les producteurs de richesses ?

En bref *Les entreprises privées et publiques, les administrations publiques et les organisations de l'économie sociale et solidaire sont des unités productives de richesses. Elles se distinguent selon leur objectif, leur statut, leur taille et leur secteur d'activité.*

I Les entreprises

Les entreprises ont pour but de maximiser leur profit grâce à la vente de leur production.

1 Un statut privé ou public

- Une entreprise qui appartient à l'État, majoritairement ou en totalité, est une entreprise publique. Citons, par exemple, Électricité de France (EDF), La Poste, la SNCF, ou encore France télévision.
- Une entreprise qui n'appartient pas à l'État, ou qui lui appartient minoritairement, est une entreprise privée, comme Danone ou Renault (État minoritaire).
- Les plus grandes entreprises appartiennent à des actionnaires, sachant que l'État peut être actionnaire.

MOT CLÉ
Les **actionnaires** sont des propriétaires d'une entreprise privée ou publique.
Si l'entreprise réalise un profit, ils peuvent percevoir un revenu (dividende).

2 Des tailles diverses

- Les entreprises se différencient selon leur taille, c'est-à-dire le nombre de salariés qui y travaillent. On distingue les microentreprises (moins de dix salariés), les PME (moins de 250 salariés), les entreprises de taille intermédiaire (moins de 5 000 salariés) et les grandes entreprises (plus de 5 000 salariés).
- En France, il y a environ 4 millions d'entreprises. On compte une majorité de microentreprises : au nombre de 3,7 millions, elles emploient environ 20 % des salariés. Les grandes entreprises sont beaucoup moins nombreuses (250), mais elles emploient 26 % des salariés.

3 Différents secteurs d'activité

- Les entreprises se caractérisent aussi par le secteur d'activité auquel elles appartiennent. Le secteur primaire concerne les activités qui exploitent les ressources naturelles, comme l'agriculture. Le secteur secondaire regroupe les activités qui transforment les matières premières, par exemple l'automobile. Enfin, dans le secteur tertiaire, on retrouve les services, comme l'enseignement.
- La majorité de ces entreprises, soit 65 %, appartiennent au secteur des services, le secteur tertiaire, contre 20 % au secteur industriel et 15 % au secteur agricole.

II Les autres organisations productives

Ces organisations n'ont pas pour but premier la recherche de profit, mais l'intérêt général et/ou un projet social et solidaire.

1 Les administrations publiques

- Les administrations publiques (État, collectivités territoriales) offrent des services non marchands → FICHE 6 pour servir l'intérêt général.
- Elles constituent le premier employeur français : un peu plus de cinq millions de fonctionnaires y travaillent.

2 Les organisations de l'économie sociale et solidaire

- Les plus connues sont les associations, qui fournissent essentiellement des services non marchands → FICHE 6. Il en existe plus d'un million en France dans différents domaines : culture, sport, action sociale et humanitaire, etc.
- L'**économie sociale et solidaire (ESS)** comprend également les mutuelles et les coopératives, qui sont des organisations marchandes → FICHE 6 à but non lucratif. L'objectif des mutuelles est l'amélioration des conditions de vie de leurs cotisants, celui des coopératives est la prise de décision démocratique.

CHIFFRES CLÉS

L'**économie sociale et solidaire**, secteur en pleine expansion, représente 10 % des emplois en France, contre 20 % pour les administrations publiques et 70 % pour les entreprises.

zoOm

La Louve, un supermarché coopératif à Paris

- Pour devenir coopérateur, il faut investir 100 € dans La Louve et y travailler trois heures toutes les quatre semaines. On peut alors y faire ses courses.
- Tous les coopérateurs participent à égalité aux décisions sur les orientations du magasin. Les bénéfices sont réinvestis dans le fonctionnement de celui-ci.

6 Qu'est-ce que la production ?

En bref *La production désigne la création de richesses sous la forme de biens et services destinés à satisfaire des besoins individuels ou collectifs. Ces biens et services peuvent être marchands, s'ils sont vendus afin de réaliser un profit, ou non marchands dans le cas contraire.*

I La création de biens et de services

1 Qu'est-ce qu'un bien ?

- Un bien est un **produit matériel**, c'est-à-dire qu'il est concret et stockable.
- Il peut être destiné à une **consommation finale**, c'est-à-dire à être acheté pour satisfaire directement un besoin ou un désir. C'est le cas d'un fruit acheté par un consommateur pour être mangé, ou d'une guitare pour être jouée.
- Un bien peut également servir à réaliser d'autres produits. S'il est consommé ou incorporé au produit dans le processus de production, il est considéré comme une **consommation intermédiaire** → FICHE 9 : par exemple, le bois utilisé pour fabriquer une chaise. S'il est utilisé de façon durable, il est désigné comme du **capital fixe** : par exemple, le marteau pour fabriquer cette chaise.

> **MOT CLÉ**
> Le **capital fixe** désigne les biens utilisés dans la production pendant plus d'un an. Il s'agit notamment des terrains, bâtiments, machines et outils.

2 Qu'est-ce qu'un service ?

- Un service désigne une **prestation technique ou intellectuelle**. À l'inverse d'un bien, un service est un produit immatériel, il n'est donc pas stockable.
- Il peut être destiné à une **consommation finale**, ou à une **consommation intermédiaire**.
- Les biens et les services peuvent être **complémentaires**. Ainsi, lorsque l'on achète une pizza (bien), on peut également acheter sa livraison (service associé).

II La production marchande et non marchande

1 Qu'est-ce que la production marchande ?

- La production marchande désigne la production de biens et services ayant un **objectif de profit**. Ceux-ci sont destinés à être vendus sur un marché.
- Pour réaliser un profit, les biens et services marchands doivent être vendus à un prix supérieur à leur coût de production. Ce prix est fixé sur un **marché**, selon la quantité disponible et la quantité demandée → FICHES 13 à 16.

- Par exemple, un menuisier qui vend ses chaises sur un marché détermine leur prix de façon à ce qu'il soit supérieur à ses coûts de production, mais aussi en fonction du nombre de chaises vendues par ses concurrents (quantité disponible) et du nombre de chaises demandées par les acheteurs (quantité demandée).

2 Qu'est-ce que la production non marchande ?

- Elle représente la production de **biens et services fournis gratuitement ou quasi gratuitement**, à un prix inférieur à leur coût de production. L'Éducation nationale et les hôpitaux publics sont des exemples de services non marchands.
- Lorsqu'elle est fournie par les pouvoirs publics, la production non marchande est financée en totalité ou en partie par des **prélèvements obligatoires**.

MOT CLÉ
Les **prélèvements obligatoires** représentent les recettes des pouvoirs publics et sont constitués des cotisations sociales, des impôts directs et indirects.

3 Qu'est-ce que l'autoproduction ?

Il s'agit d'une production réalisée afin de satisfaire les **besoins ou désirs du producteur lui-même** : c'est le cas d'un ménage qui cultive les tomates qu'il consomme. Cette production est difficile à mesurer, car elle n'est pas vendue.

zoOm

Que produit l'économie française ?

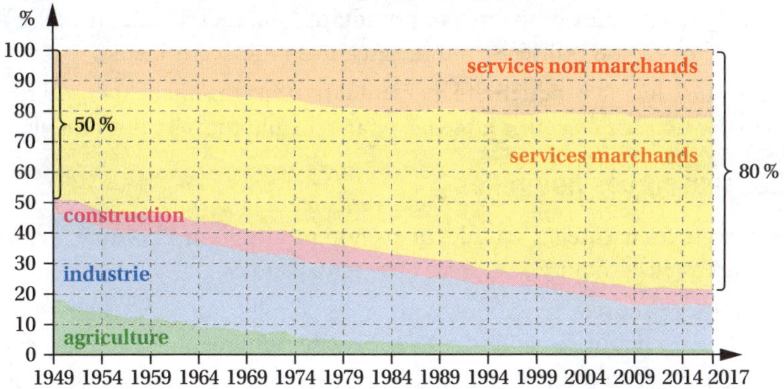

Source : Insee.

- Ce document présente la part de la production réalisée par chaque secteur de l'économie en France, en pourcentage de la valeur ajoutée → FICHE 9. On voit que la production de services occupe une place croissante. Alors qu'elle représentait 50 % de la production française en 1949, elle en occupe près de 80 % en 2017.
- La production de services non marchands a augmenté relativement plus rapidement : + 70 % environ, contre + 60 % environ pour les services marchands.

7 Qu'est-ce que la combinaison productive ?

En bref *Les producteurs utilisent du capital, du travail et des ressources naturelles : ce sont les facteurs de production. On appelle « combinaison productive » le choix de la quantité de chaque facteur à utiliser.*

I Quels sont les facteurs de production ?

1 Le facteur travail

- Le facteur travail correspond à l'activité humaine permettant de produire. La quantité de travail utilisée pour produire se mesure généralement en heures de travail, mais peut aussi s'évaluer par le montant des salaires versés.
- On mesure aussi la **productivité** du travail, c'est-à-dire la valeur produite en un temps donné → FICHE 9. Par exemple, si un cordonnier répare une paire de chaussures en une heure et un autre trois paires, alors ce dernier a une productivité trois fois supérieure.

> **MOT CLÉ**
> Il ne faut pas confondre production et productivité. La **production** est la quantité, ou la valeur, produite ; la **productivité** est l'efficacité avec laquelle la production s'est réalisée.

2 Le facteur capital

- Le facteur capital (ou « capital fixe ») est l'ensemble des biens utilisés durablement (pendant plus d'un an) pour produire, comme les machines → FICHE 6. La quantité de capital utilisée se mesure en euros (valeur des biens).
- On peut évaluer la productivité du capital fixe : par exemple, il est possible de comparer le nombre de copies effectuées par deux photocopieurs en une heure.

3 Les ressources naturelles

- Les ressources naturelles sont des biens non produits par l'homme, mais qu'il peut utiliser pour produire (ex. : bois pour fabriquer des tables).
- Certaines ressources naturelles, comme le pétrole, sont dites non renouvelables, parce qu'il faut des millions d'années pour les produire. D'autres, comme les arbres, sont renouvelables parce qu'elles se reproduisent en peu de temps.

II Quelle combinaison productive ?

1 Les contraintes techniques

- Si les facteurs travail et capital sont complémentaires, alors ils devront nécessairement être utilisés dans les mêmes proportions. Par exemple, pour un camion, il faut un chauffeur ; pour deux camions, il faut deux chauffeurs, etc.

■ En revanche, s'ils sont **substituables**, l'un peut remplacer l'autre. Ainsi, un supermarché peut décider de réduire le nombre de ses caissiers (travail) et d'augmenter le nombre de caisses automatiques (capital).

2 Les coûts de production

■ Lorsque ses facteurs de production sont substituables, une entreprise a le choix entre un grand nombre de combinaisons possibles. Si elle est **rationnelle** → FICHE 1, elle choisira celle qui lui coûte le moins cher.

■ Ainsi, s'il lui coûte **moins cher** de mobiliser une machine plutôt qu'un travailleur pour une même production, l'entreprise sera tentée de remplacer le travailleur par la machine.

3 La recherche de profit

■ Le producteur n'a pas toujours intérêt à privilégier le facteur le moins coûteux. En effet, pour maximiser son profit, il ne s'intéresse pas seulement au coût, mais également à la **productivité du facteur de production**.

■ Par exemple, une entreprise peut préférer une main-d'œuvre locale plus coûteuse, mais également plus productive, à une main-d'œuvre située à l'étranger, moins coûteuse, mais moins efficace. Ce choix lui rapportera un **profit** plus élevé.

MOT CLÉ

Le **profit** est la différence entre la recette totale et le coût total de l'entreprise. Il peut se mesurer à l'aide du bénéfice. → FICHE 9

zoOm

La variété des combinaisons productives

Selon la stratégie des organisations productives pour maximiser leur profit, les combinaisons travail-capital peuvent être très différentes. Ainsi, le maroquinier de luxe Hermès (photo) emploie un grand nombre d'ouvriers et d'ouvrières très qualifiés, et utilise peu de machines. À l'inverse, dans le secteur automobile, une grande partie des tâches sont effectuées par des robots.

8 Quel est le rôle du progrès technique ?

En bref *Le progrès technique est au cœur du débat public. En effet, pour de nombreux économistes et gouvernants, il est la condition de la croissance économique* → FICHES 11 et 12*, et de l'augmentation de notre bien-être. Il n'échappe pourtant pas à certaines interrogations.*

I Qu'est-ce que le progrès technique ?

Le **progrès technique** peut concerner de nouveaux produits, ou bien de nouveaux procédés de production.

> **MOT CLÉ**
> Le **progrès technique**, ou les innovations, désigne l'ensemble des idées nouvelles qui contribuent à l'augmentation de la productivité.

1 De nouveaux produits

- Il peut s'agir de nouveaux biens et services de consommation ou de production.
- Depuis Joseph Schumpeter (1883-1950), on parle d'innovation majeure lorsque le produit change en profondeur la façon dont sont produits et commercialisés les biens et services dans l'ensemble de l'économie. C'est le cas de l'ordinateur. Schumpeter a popularisé l'idée que l'innovation est le moteur des grandes transformations économiques de nos sociétés.
- Mais le plus souvent, ces innovations sont mineures : elles améliorent les biens et services déjà existants (ex. : le clavier sans fil).

2 De nouveaux procédés de production

- Les innovations de procédé désignent les nouvelles manières de produire ou de vendre. Par exemple, à la fin du XIXe siècle, le taylorisme divise le travail en tâches simples et répétitives. Plus tard, le fordisme introduit le convoyeur, ou chaîne de montage, de façon à ce que les consommations intermédiaires se déplacent de travailleur en travailleur, plutôt que l'inverse.
- L'e-commerce, lui, est une nouvelle manière de vendre. Les clients font leurs courses sur Internet puis se font livrer chez eux, au lieu de se déplacer dans les magasins.

II Les effets du progrès technique

1 Le progrès technique augmente la compétitivité et l'emploi

- Le progrès technique permet, pour une même dépense de travail, d'augmenter la quantité de biens et services produits. En d'autres termes, chaque bien et service coûte moins cher à produire. L'entreprise peut donc baisser ses prix, sans craindre de réduire ses profits.

■ Au niveau microéconomique → FICHE 1, l'entreprise innovante augmente sa **compétitivité** et peut alors espérer accéder à une position de monopole avantageuse pour ses profits. De leur côté, les travailleurs, plus productifs, peuvent obtenir des hausses de rémunération.

MOT CLÉ

La **compétitivité** désigne la capacité d'une entreprise à gagner des parts de marché sur ses concurrentes, grâce à des produits nouveaux ou des prix plus faibles.

■ Au niveau macroéconomique → FICHE 1, la baisse des prix et la hausse des rémunérations augmentent le pouvoir d'achat, donc les achats de biens et services, incitant les entreprises à créer des emplois pour les produire.

2 Le progrès technique peut inquiéter

■ Des biens de production nouveaux, comme les robots dans l'industrie, prennent la place des travailleurs les moins qualifiés, provoquant leur mise au chômage. À l'inverse, pour attirer les travailleurs les plus qualifiés et innovants, les entreprises leur offrent de meilleures conditions d'emploi (rémunération, stabilité).

■ La course au progrès technique peut favoriser le gaspillage : pensons aux téléphones portables en parfait état de marche, remplacés par de nouveaux modèles.

■ Le progrès technique répond à l'objectif de croissance. Celui-ci peut être poursuivi sans égards envers les sources de bien-être non matérielles : le lien social, la santé au travail, etc. → FICHE 12

zoOm

Nombre de brevets déposés en Europe

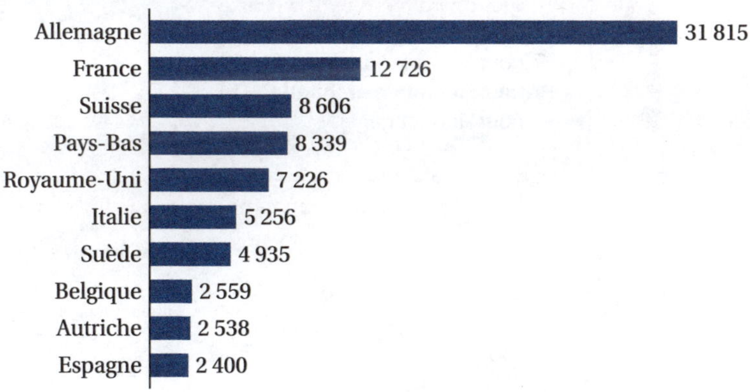

Source : Office européen des brevets, données 2016.

■ Les brevets permettent aux entreprises de protéger leurs innovations. Le nombre de brevets déposés indique donc l'effort d'innovation d'un pays.

■ Parmi les pays innovants, l'Allemagne se distingue avec 2,5 fois plus de brevets déposés que la France, qui se situe pourtant en 2e position. Ceci peut expliquer son surcroît de compétitivité par rapport aux autres pays.

MÉMO VISUEL

LA CRÉATION

Qui ?

Organisations productives
- **Entreprises**, privées et publiques
- **Administrations publiques**
- **Économie sociale et solidaire** :
  - associations
  - mutuelles
  - coopératives

Quoi ?

Production de biens et services
- **Production marchande**
  → pour la réalisation de profit
- **Production non marchande**
  → pour l'intérêt général

Productions marchande et non marchande

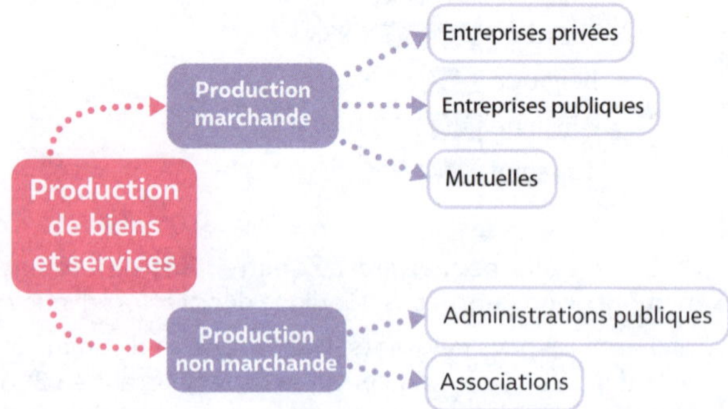

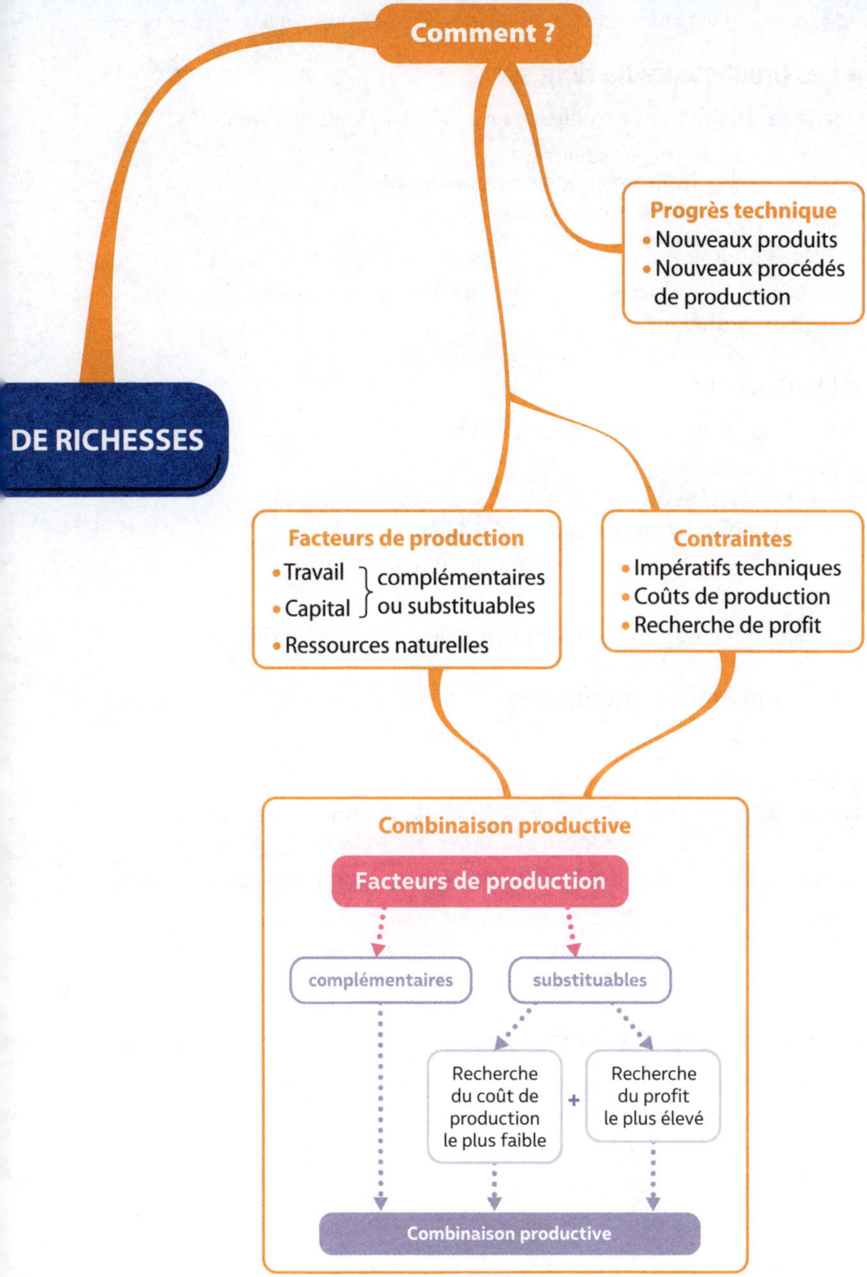
Comment ?
Progrès technique
• Nouveaux produits
• Nouveaux procédés de production
DE RICHESSES
Facteurs de production
• Travail } complémentaires ou substituables
• Capital
• Ressources naturelles
Contraintes
• Impératifs techniques
• Coûts de production
• Recherche de profit
Combinaison productive
Facteurs de production
complémentaires
substituables
Recherche du coût de production le plus faible
+
Recherche du profit le plus élevé
Combinaison productive

SE TESTER QUIZ

Vérifiez que vous avez bien compris les points clés des **fiches 5 à 8**.

1 Les producteurs de richesses

→ FICHE 5

1. Quelle est la situation actuelle des microentreprises en France ?

☐ **a.** Elles ont moins de 10 salariés.
☐ **b.** Elles représentent environ 80 % des entreprises.
☐ **c.** Elles emploient 20 % des salariés.

2. L'objectif poursuivi par les entreprises privées est de...

☐ **a.** satisfaire leurs clients.
☐ **b.** faire du profit.
☐ **c.** maximiser leur profit.

2 La production

→ FICHE 6

1. Quelles affirmations caractérisent un bien ?

☐ **a.** Il est stockable.
☐ **b.** Il est immatériel.
☐ **c.** Il peut servir à réaliser d'autres produits.

2. Une production fournie à titre gratuit ou quasi gratuit est une production...

☐ **a.** non marchande. ☐ **b.** marchande. ☐ **c.** administrative.

3 La combinaison productive

→ FICHE 7

1. Pour produire, l'entreprise intègre dans sa combinaison productive...

☐ **a.** du capital et du travail.
☐ **b.** du capital, du profit et des ressources naturelles.
☐ **c.** du capital, du travail et des ressources naturelles.

2. Lorsque les facteurs de production sont substituables, le producteur doit...

☐ **a.** choisir entre plusieurs combinaisons productives.
☐ **b.** chercher à obtenir des coûts de production élevés.
☐ **c.** chercher à améliorer le niveau de profit.

4 Le rôle du progrès technique

→ FICHE 8

1. Qu'est-ce qu'une innovation de procédé ?

☐ **a.** un nouveau produit
☐ **b.** une nouvelle manière de vendre
☐ **c.** une nouvelle manière de produire

2. Le progrès technique permet d'augmenter...

☐ **a.** la productivité. ☐ **b.** les coûts de production. ☐ **c.** les prix.

S'ENTRAÎNER

5 Comprendre le vocabulaire du cours

→ FICHES 5 à 8

Complétez le texte à trous à l'aide des mots suivants :

combinaison productive • immatériel • administrations publiques • marchande • tertiaire • matériel

a. Les entreprises peuvent être publiques ou privées. Il existe en majorité des microentreprises qui appartiennent surtout au secteur .... D'autres organisations participent à la production, comme les .... et l'économie sociale et solidaire.

b. Un bien est un produit .... stockable alors qu'un service est .... et non stockable. La production est .... quand elle est vendue sur un marché pour générer du profit. La production est non marchande lorsqu'elle est fournie à titre gratuit ou quasi gratuit pour satisfaire l'intérêt général.

c. La .... de l'entreprise est constituée par du capital, du travail et des ressources naturelles. Si les facteurs « capital » et « travail » sont substituables, l'entreprise a le choix entre plusieurs combinaisons productives. Elle choisira en fonction des coûts de production, de la productivité des facteurs et du niveau de profit recherché.

6 Se repérer sur un graphique

→ FICHE 8

Document **Demandes de brevets déposées par les entreprises**

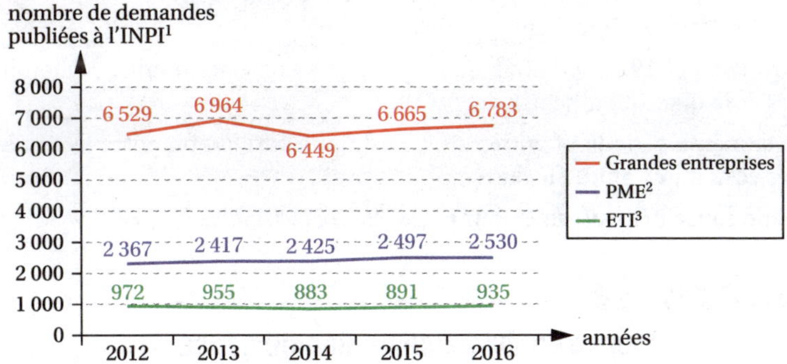

Source : INPI, 2017.

1. Institut national de la propriété industrielle. 2. Petites et moyennes entreprises. 3. Entreprises de taille intermédiaire.

1. Combien de brevets ont été demandés par les grandes entreprises en 2016 ?
2. Que signifie la donnée 883 ?
3. Quelle année la demande de brevet a-t-elle été la plus forte ?

7 Réviser le cours en 8 questions flash

→ FICHES 5 à 8

1. Les entreprises privées sont-elles les seules à produire des biens et services ?
2. Quels critères permettent de distinguer différents types d'entreprises ?
3. Quelles caractéristiques distinguent un bien d'un service ?
4. Quelles sont les différences entre une production marchande et une production non marchande ?
5. Quels sont les trois facteurs de production nécessaires pour produire ?
6. Quelles contraintes pèsent sur le choix de la combinaison productive ?
7. Comment le progrès technique contribue-t-il à augmenter la productivité du travail ? Répondez à l'aide d'un exemple.
8. Quelles sont les deux formes d'innovation ?

8 Mettre en évidence un lien de causalité

→ FICHE 7

Document **Quelques caractéristiques des entreprises en France**

	1950	1973	2011
Nombre de salariés (en millions)	19	22	27
Durée annuelle moyenne du temps de travail par salarié (en heures)	2 240	2 027	1 441
Quantité totale d'heures de travail (en milliards)	43	45	39

D'après l'OCDE, 2012.

1. Lisez les données pour l'année 1973.
2. Entre 1950 et 1973, montrez qu'il existe une corrélation entre le nombre de salariés et la quantité d'heures de travail.
3. Sur la même période, montrez qu'il existe une corrélation entre le nombre de salariés et la durée annuelle du temps de travail.
4. Quelle causalité peut-on établir entre les trois variables ?

Savoir-faire

Mettre en évidence un lien de causalité

- Commencez toujours par mettre en évidence une corrélation → SAVOIR-FAIRE p. 21, avant de vous interroger sur une possible causalité.
- Il y a un lien de causalité quand l'évolution d'une variable provoque l'évolution de l'autre. Les différents liens de causalité figurent dans votre cours, sous forme de mécanismes à retenir, par exemple.

9 Choisir la bonne combinaison productive

→ FICHE 7

Une entreprise souhaite produire 1 000 chaises. Pour cela elle a le choix entre deux combinaisons productives.

Document **Combinaison productive en fonction de la valeur du travail et du capital, pour produire 1 000 chaises**

	Combinaison productive 1	Combinaison productive 2
Quantité de capital (€)	2 000	10 000
Nombre d'heures de travail	200	20
Salaire par heure de travail (€)	70	10

Note de lecture : la combinaison 1 utilise 2 000 € de capital et 200 heures de travail payées 70 € de l'heure pour produire 1 000 chaises.

1. Quelle combinaison l'entreprise va-t-elle choisir si elle ne prend en compte que la contrainte des coûts de production ?

2. Quel sera son choix si les chaises sont vendues 200 € dans le premier cas et 50 € dans le deuxième ?

10 Préparer la rédaction d'un paragraphe argumenté

→ FICHE 6

Comparez la production marchande et la production non marchande. Vous devez trouver au moins un point commun et une différence en ajoutant à chaque fois un exemple précis.

I. Les productions marchande et non marchande ont des points communs

Argument	Exemple
....	....
....	....
....	....

II. Cependant, elles ont aussi des différences

Argument	Exemple
....	....
....	....
....	....

OBJECTIF BAC

11 La diversité des entreprises • Analyse de document

40 min

Le tableau à double entrée est le type de document le plus fréquent. Vous devez donc acquérir un certain nombre de réflexes pour en faire la lecture et l'analyse.

LE SUJET

Montrez qu'il existe une grande diversité d'entreprises en France.

Document **Les caractéristiques des entreprises françaises selon leur taille**

		Grandes entreprises	ETI[1] et PME[2]	Micro entreprises	Total
Nombre d'entreprises	donnée brute	214	140 862	2 951 600	3 092 676
	en %	0,01	4,60	95,39	100
Nombre de salariés	donnée brute	3 480 291	6 600 401	2 501 206	12 581 897
Capital par salarié (€)	donnée brute	258 000	135 000	90 000	161 000

1. ETI : entreprises de taille intermédiaire. 2. PME : petites et moyennes entreprises.

Note de lecture : sur 3 092 676 entreprises en France, 0,01 % sont de grandes entreprises.

Source : Insee, 2011.

Méthode

Lire un tableau à double entrée

Étape 1 Identifier le tableau

- Commencez par lire le **titre**, qui indique le contenu du tableau et souvent l'unité de chaque donnée.
- Regardez ensuite s'il existe une **note de lecture** : celle-ci fournit la lecture de l'une des données du tableau, ce qui évite le risque d'erreurs.
- Puis lisez la **source**, la **1re colonne** et enfin la **1re ligne** du tableau.

Étape 2 Déterminer le sens de lecture

- Pour lire une donnée, référez-vous à la fois à sa ligne et à sa colonne.
- Les tableaux en données brutes (ex : euros, tonnes) n'ont pas de sens de lecture, sauf pour les cases de type « total » ou « somme ».
- Les tableaux en pourcentages, en proportion, etc., ont forcément un sens de lecture (horizontal ou vertical).

Étape 3 Analyser les données

- Allez du général au particulier, des grandes tendances aux exceptions.
- Comparez vos données à la moyenne ou au total, si possible, pour savoir si elles sont au-dessus ou en dessous de la normale.
- Mettez en évidence les corrélations et les causalités.
- Reliez vos données à des connaissances de cours.
- Calculez d'autres données grâce à des écarts, proportions, etc.

Étape 4 Construire la réponse → MÉTHODE p. 184

▶▶▶ LA FEUILLE DE ROUTE

Étape 1 Identifier le tableau

- Le titre indique que le tableau a une entrée sur la taille des entreprises et une autre sur les caractéristiques de ces entreprises.
- La note de lecture précise comment les pourcentages ont été obtenus (3e ligne).
- Le tableau a pour source l'Insee, donc n'étudie que le cas français. Dans la 1re colonne, figure la taille de l'entreprise et dans la 1re ligne, les caractéristiques.

Étape 2 Déterminer le sens de lecture

- Par exemple, en 2011, en France, les grandes entreprises employaient 3 480 291 salariés.
- Le nombre total de salariés s'obtient en additionnant le nombre de salariés en fonction de la taille de l'entreprise.
- Le tableau se lit ici en ligne, donc de manière horizontale. Il est impossible d'additionner les données en colonne.

Étape 3 Analyser les données

- Les microentreprises représentent l'écrasante majorité des entreprises, mais n'emploient qu'un salarié sur cinq environ. À l'inverse, les grandes entreprises sont très peu nombreuses, mais emploient un million de salariés de plus.
- Le capital en euros par salarié des entreprises de taille intermédiaires et PME est plutôt faible (135 000 €), puisqu'il est deux fois inférieur à celui des grandes entreprises (258 000 €) et inférieur à la moyenne totale (161 000 €).
- Il y a une corrélation positive entre la taille de l'entreprise et le capital par salarié, car les grandes entreprises ont davantage les moyens d'investir.

Étape 4 Construire la réponse

- Dans un premier paragraphe, vous montrerez que la diversité des entreprises se marque d'abord dans leur statut, leur taille et leur secteur d'activité.
- Ensuite, dans un second paragraphe, vous détaillerez le poids des entreprises selon leur taille et leur nombre de salariés, en prenant appui sur les chiffres fournis par le document. → CORRIGÉ p. 44

CORRIGÉS

SE TESTER QUIZ

1 Les producteurs de richesses

1. **Réponses a, b et c.** Les microentreprises ont moins de 10 salariés, elles représentent environ 80 % des entreprises françaises et emploient 20 % des salariés.

2. **Réponse c.** L'objectif poursuivi par les entreprises privées est de maximiser leur profit. Satisfaire le client est un moyen possible pour y parvenir.

2 La production

1. **Réponses a et c.** Un bien est stockable et peut servir à réaliser d'autres produits.

2. **Réponse a.** Une production fournie à titre gratuit ou quasi gratuit est une production non marchande.

3 La combinaison productive

1. **Réponse c.** Pour produire, l'entreprise intègre dans sa combinaison productive du capital, du travail et des ressources naturelles.

2. **Réponses a et c.** Avec des facteurs de production substituables, le producteur choisit entre plusieurs combinaisons productives en cherchant à maximiser son profit et à minimiser ses coûts de production.

4 Le rôle du progrès technique

1. **Réponses b et c.** Une innovation de procédé est une nouvelle manière de vendre ou de produire.

2. **Réponse a.** Le progrès technique permet d'augmenter la productivité.

S'ENTRAÎNER

5 Comprendre le vocabulaire du cours

Les mots manquants apparaissent dans l'ordre suivant :

a. tertiaire • administrations publiques
b. matériel • immatériel • marchande
c. combinaison productive

MOT CLÉ
Les **administrations publiques** sont constituées de l'État central, des collectivités territoriales et des administrations de Sécurité sociale.

6 Se repérer sur un graphique

1. En 2016, en France, 6 783 brevets ont été demandés par les grandes entreprises.
2. La donnée 883 indique qu'en 2014, les ETI ont demandé 883 brevets à l'INPI.
3. La demande de brevet a été la plus forte en 2013, avec 10 336 brevets demandés.

7 Réviser le cours en 8 questions flash

1. Les entreprises privées ne sont pas les seules unités productives : les entreprises publiques, les administrations publiques et l'ensemble de l'économie solidaire participent aussi à la production.

2. On distingue les entreprises en fonction de leur statut (public ou privé), de leur taille (micro, petite et moyenne, intermédiaire, grande) et de leur secteur d'activité (primaire, secondaire, tertiaire).

3. Un bien est matériel, concret et stockable, alors qu'un service est immatériel et non stockable.

4. La production marchande est vendue sur un marché à un prix permettant d'obtenir un profit, tandis que la production non marchande est fournie à titre gratuit ou quasi gratuit.

5. Les trois facteurs de production nécessaires pour produire sont le capital, le travail et les ressources naturelles.

6. Pour choisir sa combinaison productive, une entreprise doit tenir compte de ses contraintes techniques, des coûts de production qui doivent être les plus faibles possible, et du profit qui doit être maximisé.

7. Le progrès technique contribue à augmenter la productivité du travail. Ainsi, la mise en place du travail à la chaîne (innovation organisationnelle), a permis aux salariés de travailler plus vite, en effectuant des tâches simples et répétitives.

8. Les deux formes d'innovation sont les innovations de produit (ex. : smartphone) et les innovations de procédé (ex. : e-commerce).

8 Mettre en évidence un lien de causalité

1. En France, en 1973, il y avait 22 millions de salariés, qui travaillaient en moyenne 2 027 heures par an chacun, soit un total de 45 milliards d'heures de travail.

2. Entre 1950 et 1973, le nombre de salariés et la quantité d'heures de travail augmentent, il y a donc une corrélation positive.

3. À l'inverse, la durée annuelle du temps de travail diminue sur la même période, passant de 2 040 à 2 027 milliards d'heures : il y a donc une corrélation négative entre cette donnée et le nombre de salariés.

4. Il y a un lien de causalité entre les trois variables : la quantité totale d'heures de travail s'obtient en multipliant le nombre de salariés par la durée annuelle moyenne du temps de travail par salarié.

9 Choisir la bonne combinaison productive

1. L'entreprise choisira la 2e combinaison productive, car elle a le coût de production le plus faible. En effet, dans le premier cas, le coût de production s'élève à 16 000 € (2 000 € + 70 € × 200 h), alors que, dans le second cas, il est de 10 200 € (10 000 € + 10 € × 20 h).

À NOTER

Il est parfois possible d'écarter une combinaison productive sans calcul : par exemple, si deux combinaisons utilisent la même quantité de capital, celle qui utilise le moins de travail sera choisie.

2. L'entreprise choisira alors la 1re combinaison, car elle génère le plus grand profit. Celui-ci s'élève en effet, dans le premier cas, à 184 000 € (1 000 chaises × 200 € – 16 000 €), alors que le second cas ne permet d'obtenir qu'un profit de 49 800 € (1 000 chaises × 50 € – 10 200 €).

10 Préparer la rédaction d'un paragraphe argumenté

I. Les productions marchande et non marchande ont des points communs

Argument	Exemple
Elles sont constituées de biens et de services	Un cours dans une école publique ou dans une institution privée
Elles proviennent d'organisations productives	Les entreprises, l'administration publique et l'économie sociale et solidaire (qui assure les deux types de production)

II. Cependant, elles ont aussi des différences

Argument	Exemple
Leur prix n'est pas fixé de la même manière	Pour la production marchande, le prix est fixé sur un marché au-dessus du coût de production. La production non marchande a un prix inférieur à 50 % des coûts de production
Elles n'ont pas le même objectif	La production marchande a pour objectif de générer du profit, alors que la production non marchande vise à améliorer l'intérêt général

OBJECTIF BAC

11 Analyse de document

Il existe une grande diversité d'organisations productives, comme les associations, les administrations publiques et les entreprises.

■ Ces dernières sont tout aussi diverses. Elles peuvent être publiques ou privées et exercer leurs activités dans les trois secteurs (primaire, secondaire ou tertiaire). Elles sont différentes aussi par leur taille ; les économistes les classent en quatre catégories : grandes entreprises, entreprises intermédiaires, PME et microentreprises.

■ On constate dans le document que les grandes entreprises sont les moins nombreuses et ne représentent que 0,01 % du nombre total d'entreprises françaises. En revanche, elles emploient presque 3 500 000 salariés. Les microentreprises représentent plus de 95 % des entreprises, mais emploient un million de salariés de moins. La dernière catégorie, les entreprises intermédiaires et PME, totalise moins de 5 % du total des entreprises, mais emploie la moitié des salariés en France. Enfin, au niveau du capital par salarié, la corrélation est positive avec la taille de l'entreprise.

ÉCONOMIE

Comment mesure-t-on les richesses ?

La centrale à charbon de Gelsenkirchen (Allemagne). Les économies industrielles produisent une quantité de biens et services sans commune mesure avec le passé, mais sommes-nous pour autant plus riches ?

9 Comment mesurer la création de richesses d'une entreprise ?

En bref *L'entreprise crée des richesses sous la forme des biens et services qu'elle produit. Plusieurs indicateurs permettent de mesurer sa production et l'efficacité avec laquelle elle la réalise.*

I Évaluer la production d'une entreprise

1 La production peut se mesurer en quantités physiques

Elle se mesure alors en nombre d'unités produites. Par exemple, la production journalière d'un boulanger sera mesurée par le nombre de pains cuisinés en une journée, celle d'un coiffeur par le nombre de coupes réalisées.

2 La production peut se mesurer en valeur monétaire

- Dans ce cas, la production peut s'évaluer par le chiffre d'affaires (CA) réalisé par l'entreprise, c'est-à-dire sa recette.

CA = nombre d'unités de produits vendues × prix unitaire du produit

Exemple : si un pain est vendu 1 € et que le boulanger en vend 10, son chiffre d'affaires est de 10 × 1 = 10 €.

- Le chiffre d'affaires n'est cependant pas une mesure satisfaisante de la production. En effet, il ne déduit pas le coût des **consommations intermédiaires (CI)**, comme la consommation de farine et d'électricité nécessaire à la fabrication du pain. Or, les CI n'ont pas été produites par l'entreprise elle-même, qui les a achetées à d'autres producteurs.

MOT CLÉ
Les **consommations intermédiaires** désignent la valeur des biens et services entièrement consommés ou incorporés au produit au cours du processus de production.

- La valeur ajoutée (VA) est une meilleure mesure de la production que le CA. Comme son nom l'indique, elle mesure la valeur que l'entreprise a ajoutée aux consommations intermédiaires (CI).

VA = CA − CI

Exemple : si une entreprise consomme 10 centimes de farine et 10 centimes d'électricité pour produire un pain qu'elle vend 1 €, sa valeur ajoutée sera de 80 centimes. Ou, dit autrement, en les combinant, elle aura ajouté 80 centimes de valeur à la farine et à l'électricité.

II Évaluer l'efficacité d'une entreprise

1 La productivité

La productivité du travail mesure la quantité de biens ou de services que **produit chaque travailleur** en moyenne. Elle se calcule ainsi :

$$\text{productivité du travail} = \frac{\text{quantité produite par l'entreprise}}{\text{nombre de travailleurs}}$$

2 Le bénéfice

- Le revenu de l'entreprise est le bénéfice, mesuré par l'**excédent brut d'exploitation (EBE)**. Il permet de savoir si l'activité de l'entreprise est profitable. L'EBE s'obtient en retranchant les coûts de production du CA. Ces coûts sont les salaires, les dépenses de consommations intermédiaires et les impôts sur la production.

$$\text{EBE} = \text{CA} - \text{coûts de production}$$

- Le **taux de marge** renseigne sur le bénéfice réalisé par l'entreprise pour chaque euro de valeur ajoutée qu'elle produit. Il se calcule ainsi :

$$\text{taux de marge} = \frac{\text{EBE}}{\text{VA}} \times 100$$

zoOm

Évolution du bénéfice réalisé par les entreprises en France

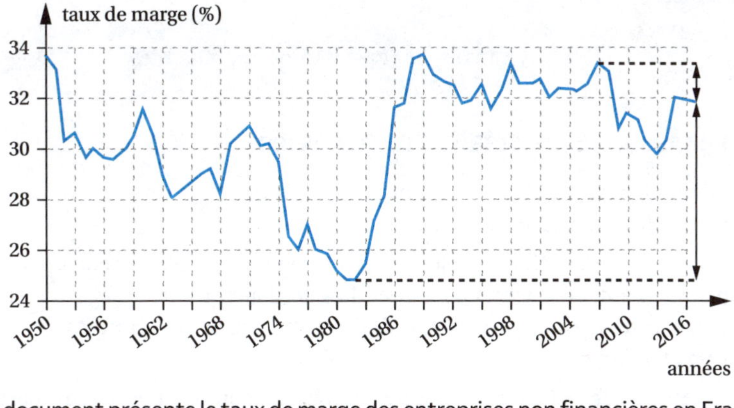

Ce document présente le taux de marge des entreprises non financières en France (en %). En 2016, chaque euro de VA produite par les entreprises leur rapportait 32 %, soit 0,32 €, le reste revenant essentiellement aux salariés.

10 Comment mesurer la création de richesses d'un pays ?

En bref *La production de richesses d'un pays est mesurée à l'aide d'un indicateur : le produit intérieur brut (PIB). Mais celui-ci pose problème : d'une part dans sa construction, qui est imparfaite ; ensuite par l'importance qu'on lui prête, le PIB étant souvent considéré à tort comme un indicateur de bien-être.*

I La mesure du PIB

1 Qu'est-ce que le PIB ?

- Le PIB mesure la valeur des biens et services produits dans un pays en une année. Il doit, pour cela, faire la somme des productions marchandes et non marchandes → FICHE 6.

- Les productions marchandes sont mesurées par la valeur ajoutée marchande (voir calcul de la VA → FICHE 9). Les productions non marchandes sont mesurées par la **valeur ajoutée non marchande**. Celle-ci ne peut pas être calculée comme la VA marchande ; en effet, le chiffre d'affaires des organisations non marchandes étant nul ou faible, un tel calcul donnerait un résultat négatif. Or, une VA ne peut pas être négative. On la considère donc par convention comme étant égale aux coûts de production.

MOT CLÉ
La **valeur ajoutée non marchande** est mesurée par le coût de la production non marchande (salaires et coût des consommations intermédiaires).

- Le PIB se calcule ainsi par la somme des valeurs ajoutées marchandes et non marchandes.

PIB ≈ VA marchandes + VA non marchandes

2 Une mesure de la création de richesses

- Les biens et services produits en une année dans un pays sont une richesse, car ils satisfont des besoins et désirs.

- En outre, la production de biens et services donne naissance à un flux de revenus versés aux producteurs. En effet, la valeur ajoutée produite est distribuée sous forme de salaires aux salariés, d'EBE aux entreprises et d'impôts aux administrations publiques.

- Pour ces raisons, le PIB est l'indicateur privilégié pour évaluer et comparer les situations économiques des différents pays du monde.

II Le PIB, un indicateur imparfait

1 … pour mesurer la production…

- Il la **sous-estime**. Le PIB ne prend en compte ni les activités bénévoles (activités associatives), ni les travaux domestiques non rémunérés, ni les activités non déclarées, qui créent pourtant des biens et services.
- Il la **surestime**. Le PIB comptabilise des activités qui ne font que réparer des dégâts causés par l'activité humaine (ex. : activités de dépollution).

2 … et pour mesurer le niveau de vie et le bien-être

- Le PIB ne rend pas compte des **disparités de revenu**. Une hausse de la production n'empêche pas une hausse des inégalités : aux États-Unis, l'augmentation de la production entre 1993 et 2011 s'est traduite par une hausse de 57,5 % du revenu des 1 % les plus riches, mais de seulement 5,8 % pour les 99 % restants.
- Le PIB ne dit rien sur la **qualité** des biens et services produits : qualité nutritionnelle de produits alimentaires, fiabilité d'appareils ménagers, etc.
- Pour ces raisons, d'autres indicateurs ont été construits, notamment l'**indice de développement humain (IDH)**, qui prend en compte la santé et l'éducation.

zoOm

Richesse et bien-être vont-ils de pair ?

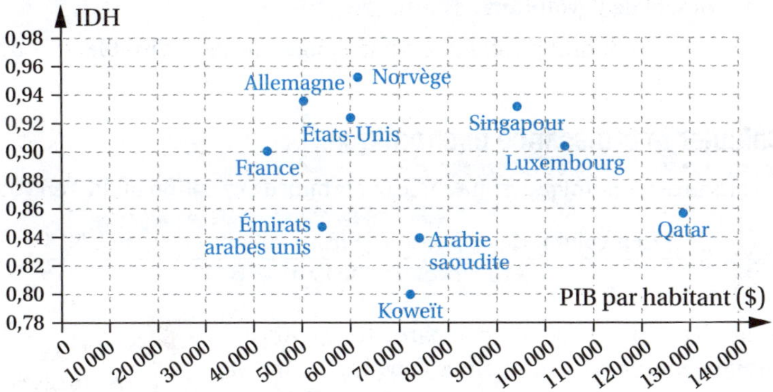

- Ce nuage de points représente les PIB par habitant et IDH de quelques pays en 2017. Il montre qu'il n'y a **pas de corrélation** entre le PIB par habitant (revenu moyen des habitants d'un pays) et l'IDH. La France a un PIB par habitant inférieur à celui du Koweït (43 000 $ contre 71 943 $), mais un IDH plus élevé (0,90 contre 0,80).
- Le niveau de développement d'un pays dépend de l'**utilisation qu'il fait de son PIB**. Un pays qui utilise son PIB pour améliorer la santé et l'éducation de ses habitants aura un IDH plus élevé.

11 Qu'est-ce que la croissance économique ?

En bref *Le calcul du PIB d'un pays sert à évaluer sa production de richesses en une année* → FICHE 10*. Mais pour mesurer le dynamisme de cette production dans le temps, les économistes étudient la croissance économique, indicateur phare de la performance économique d'un pays.*

I Définition et calcul

1 Définir la croissance économique

- Selon l'économiste François Perroux (1903-1987), la croissance économique est « l'augmentation soutenue durant une ou plusieurs périodes longues d'un indicateur de dimension : pour une nation, le produit global brut ou net, en termes réels ». La « dimension » est celle de la **production**, et le produit global brut désigne ici le **PIB**.
- Pourquoi préciser le caractère soutenu et durable de la croissance ? Car cela permet de la distinguer de l'**expansion**, qui correspond à une augmentation du PIB sur une période courte.
- Pourquoi préciser « en termes réels » ? Parce que l'évolution du PIB peut être due à une augmentation des quantités produites, ou bien de leur prix ; or, la croissance économique ne s'intéresse qu'à l'**évolution des quantités produites**, c'est-à-dire du PIB exprimé en termes réels, ou « en volume ». Elle ne tiendra donc pas compte de l'évolution des prix.
- La croissance économique désigne donc l'**augmentation durable et soutenue** du PIB en volume.

2 Calculer la croissance économique

- La croissance économique est mesurée par le **taux de variation du PIB en volume**.

$$\text{croissance} = \frac{\text{PIB en volume de l'année N} - \text{PIB en volume de l'année N-1}}{\text{PIB en volume de l'année N-1}} \times 100$$

- Il peut être intéressant de comparer le dynamisme économique d'un pays à différentes époques. Pour cela, on utilise le **taux de croissance annuel moyen (TCAM)**, qui indique l'augmentation du PIB en moyenne chaque année sur une période donnée.

Exemple : entre 1950 et 1974, durant les **Trente Glorieuses**, le PIB en volume de la France augmentait de près de **5,4 % par an en moyenne**. Soit près de deux fois et demie plus vite qu'entre 1975 et 2008 (2,2 % par an en moyenne).

> **MOT CLÉ**
> Les **Trente Glorieuses** désignent la trentaine d'années allant de la fin de la Seconde Guerre mondiale au milieu des années 1970, durant laquelle les pays industrialisés ont connu une croissance exceptionnelle comprise entre 4 et 5 % par an.

II Un phénomène récent et différencié

1 Un phénomène récent

■ La croissance économique mondiale ne décolle qu'à partir de la **première révolution industrielle** (fin du XVIIIe s.). Le PIB en volume augmente en moyenne chaque année de 0,94 % entre 1820 et 1873, puis de 2,12 % entre 1870 et 1913.

■ Mais la croissance est **fluctuante** : elle ralentit entre 1913 et 1950 (guerres mondiales, crise de 1929), accélère durant les Trente Glorieuses (**fordisme**) et ralentit à nouveau entre 1973 et 1998 (crises pétrolières, crise du fordisme).

MOT CLÉ

Par l'intensification du travail et les économies d'échelle, le **fordisme** génère des gains de productivité qui permettent d'augmenter à la fois les revenus des salariés et celui des actionnaires.

2 Un phénomène différencié

■ Les **économies dites « avancées »** ont connu la croissance dès la première révolution industrielle (Europe occidentale, États-Unis). L'**Afrique** et l'**Asie** n'ont rejoint leur rythme de croissance qu'après la Seconde Guerre mondiale.

■ Depuis les années 2000, plusieurs pays, qualifiés d'**émergents**, connaissent une croissance très élevée. Parmi eux, cinq sont désignés par l'acronyme **BRICS** : le Brésil, la Russie, l'Inde, la Chine et l'Afrique du Sud.

zoOm

L'économie mondiale à l'horizon de 2050

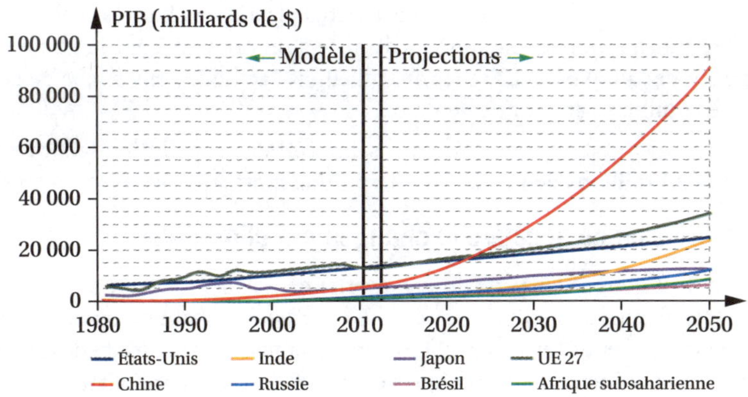

Source : CEPII.

Selon cette projection, le PIB de la Chine creuserait un écart durable avec ceux des États-Unis et de l'UE. Il atteindrait 90 000 milliards de dollars en 2050.

12 Quelles sont les limites écologiques de la croissance ?

En bref *La croissance économique porte la promesse d'une augmentation des quantités de biens et services à notre disposition, des emplois nécessaires à les produire et de notre confort de vie. Pourtant, elle fait peser un certain nombre de risques sur nos écosystèmes.*

I Les risques écologiques de la croissance

1 La croissance épuise les ressources

- La production de biens et services implique des prélèvements dans les stocks de ressources naturelles : forêts, minerais, pétrole, etc. Parce qu'elle favorise l'accélération de ce mouvement, elle augmente l'**empreinte écologique** des activités humaines.

> **MOT CLÉ**
> L'**empreinte écologique** mesure la surface terrestre dont l'humanité a besoin pour produire les biens et services qu'elle consomme et pour absorber ses déchets.

- Il en résulte une destruction de notre écosystème, de la faune et de la flore, pourtant essentielles à notre survie : disparition des abeilles, désertification, etc.

2 La croissance est une source de pollution

- Les activités productrices de biens et services sont à l'origine de nombreuses pollutions : contamination des nappes phréatiques, pollution de l'air, du sol et de l'eau par des combustibles fossiles, déchets chimiques et nucléaires.
- Ainsi, les huit millions de tonnes de détritus plastiques charriés chaque année par les égouts du monde ont donné naissance à un nouveau continent, une « île poubelle » de la taille de la France au milieu du Pacifique ; elle risque de bouleverser les équilibres environnementaux.
- Selon l'Organisation mondiale de la santé (OMS), la pollution serait responsable de sept millions de morts par an, soit une mort sur huit.

3 La croissance accélère le changement climatique

- Selon le Groupe d'experts intergouvernemental sur l'évolution du climat (GIEC), le changement climatique est dû à l'activité humaine, notamment à ses rejets de gaz à effet de serre. Il peut être tenu responsable de la fonte des glaces et de nombreux événements climatiques extrêmes (cyclones, inondations, etc.).
- À plus ou moins brève échéance, ce sont les conditions de vie de l'espèce humaine qui sont menacées.

II Le développement durable, une solution ?

1 Concilier croissance et durabilité

■ Le rapport Brundtland (1987) définit le développement durable (DD) à travers trois objectifs à poursuivre : le **bien-être des générations futures** doit être au moins égal à celui des générations présentes ; la **prudence environnementale** doit être de mise ; l'**efficacité économique** doit être recherchée.

■ Ainsi, le développement durable vise à concilier croissance et durabilité. La croissance doit permettre le financement d'écoles et d'hôpitaux, par exemple, et des investissements « verts ». Elle doit également se fonder sur de nouvelles activités productives, comme les **éco-activités**.

MOT CLÉ
Les **éco-activités** désignent les activités de gestion des ressources naturelles (production d'énergies renouvelables, traitement des eaux usées…).

2 Un objectif impossible à atteindre ?

■ Pour l'économiste Serge Latouche, la notion de DD est **contradictoire dans ses termes** : le développement implique une hausse de la production qui ne peut se réaliser sans accroître les prélèvements et les nuisances environnementales.

■ Le DD serait alors une formulation plus acceptable de l'incitation à croître, mais resterait incompatible avec certaines dimensions du bien-être.

zoOm

Pouvons-nous croître sans cesse dans un monde fini ?

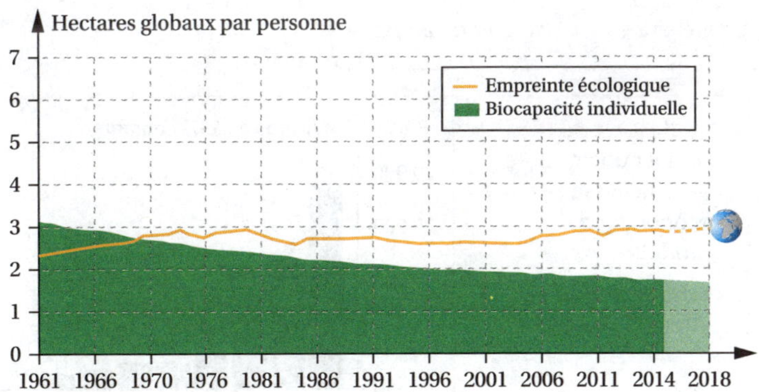

■ Notre empreinte écologique, qui s'accroît depuis les années 1960, est aujourd'hui de 3 hectares par être humain.

■ Or la biocapacité de la planète, c'est-à-dire la surface dont dispose celle-ci pour satisfaire les besoins de l'humanité et recevoir ses déchets, est en recul : elle n'est plus que de 1,7 hectare par personne…

MÉMO VISUEL

MESURER LES

Par une entreprise

Production de biens et services
- Production **physique** : nombre d'unités
- Production **en valeur** :

VA = CA – CI

Efficacité productive

Productivité du travail :

$$\frac{\text{quantité produite par l'entreprise}}{\text{nombre de travailleurs}}$$

Dans un pays

Produit intérieur brut (PIB)

VA marchandes + VA non marchandes

Intérêt du PIB
- Donner une mesure de la richesse économique produite
- Faire des comparaisons internationales

PIB 2017 (milliards de $ US courants)

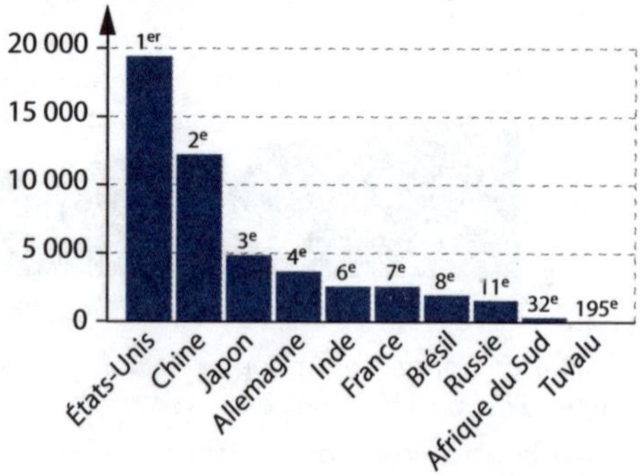

Source : Banque mondiale.

RICHESSES CRÉÉES

Au cours du temps

Croissance économique

Augmentation durable et soutenue du PIB en volume

$$\frac{\text{PIB en volume de l'année } n - \text{PIB en volume de l'année } n-1}{(\text{PIB en volume de l'année } n-1)} \times 100$$

La croissance, un phénomène récent, fluctuant et différencié

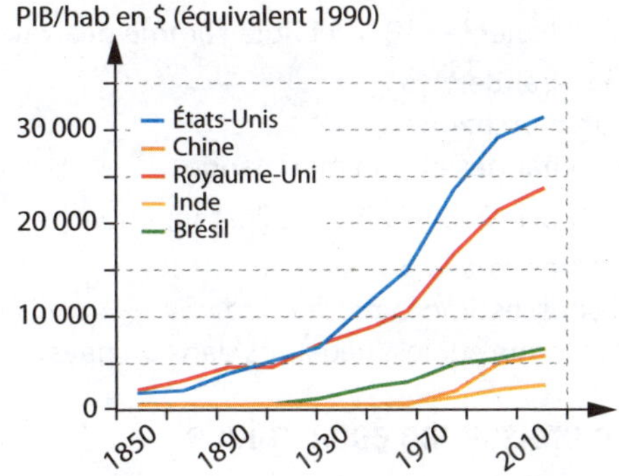

Source : Angus Maddison, *L'économie mondiale*, OCDE, 2002.

Limites et enjeux

Imperfections du PIB

- Production **sous-estimée** et **surestimée**
- Non-prise en compte des **inégalités** de revenu
- Négligence envers les aspects **qualitatifs** des biens, des services et des conditions de vie

Limites écologiques de la croissance

- Épuisement des ressources naturelles
- Pollution
- Déchets
- Changement climatique

SE TESTER QUIZ

Vérifiez que vous avez bien compris les points clés des **fiches 9 à 12**.

1 La création de richesses d'une entreprise

→ FICHE 9

1. Quelle formule permet de calculer la valeur ajoutée ?

☐ **a.** quantité vendue × prix de vente unitaire
☐ **b.** chiffre d'affaires – consommations intermédiaires
☐ **c.** somme des coûts de production

2. Qu'est-ce que l'excédent brut d'exploitation ?

☐ **a.** le revenu que l'entreprise tire de sa production
☐ **b.** un indicateur de production physique
☐ **c.** un indicateur d'efficacité économique

2 La création de richesses d'un pays

→ FICHE 10

1. Pour calculer le PIB, on fait la somme des valeurs ajoutées…

☐ **a.** marchande.
☐ **b.** non marchande.
☐ **c.** marchandes et non marchande.

2. Pourquoi le PIB est-il un indicateur imparfait de la création de richesses ?

☐ **a.** Il surestime la production.
☐ **b.** Il sous-estime la production.
☐ **c.** Il informe sur les inégalités dans un pays.

3 La croissance économique

→ FICHE 11

1. Pour mesurer la croissance économique, on calcule le taux de variation…

☐ **a.** du PIB en valeur entre deux années.
☐ **b.** du PIB en volume entre deux années.
☐ **c.** du PIB par habitant.

2. La croissance économique s'est accélérée dans les pays industrialisés…

☐ **a.** entre 1913 et 1950.
☐ **b.** durant les Trente Glorieuses.
☐ **c.** entre 1973 et 1998.

4 Les limites écologiques de la croissance

→ FICHE 12

Qu'est-ce qui caractérise le développement durable ?

☐ **a.** Il répond aux besoins du présent sans compromettre la capacité des générations futures à répondre aux leurs.
☐ **b.** Il n'exclut pas la croissance.
☐ **c.** Il exclut la croissance.

S'ENTRAÎNER

5 Comprendre le vocabulaire du cours

→ FICHES 9 à 12

Associez chaque phénomène économique à l'indicateur qui permet de le mesurer.

production d'une entreprise privée •	• croissance économique
production d'un pays •	• empreinte écologique
augmentation de la production d'un pays •	• VA marchande
surface économique nécessaire •	• PIB

6 Se repérer sur un graphique

→ FICHE 11

Document **Évolution du PIB en volume de la France (en %)**

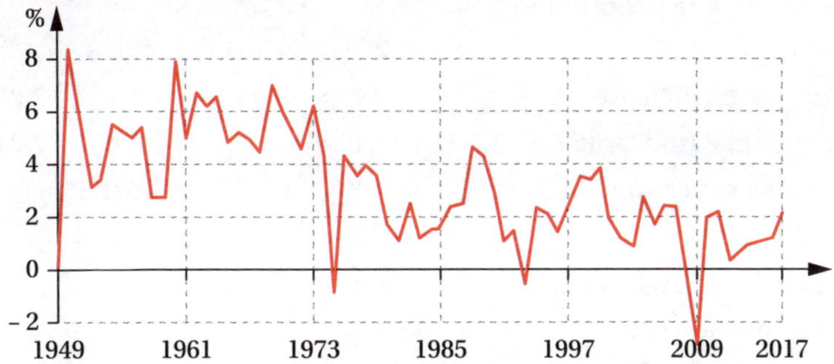

1. Comment s'appelle ce type de document ?
2. Quelle est la variable considérée ? Définissez-la.
3. Faites une phrase avec la donnée de 2017.

7 Réviser le cours en 8 questions flash

→ FICHES 9 à 12

1. Pourquoi la valeur ajoutée est-elle plus pertinente que le chiffre d'affaires pour mesurer la production d'une entreprise ?
2. Comment une entreprise peut-elle mesurer son efficacité à produire des biens ou des services ?
3. Qu'est-ce qui distingue les valeurs ajoutées marchande et non marchande ?
4. Pourquoi peut-on dire que le PIB est un indicateur de richesse imparfait ?
5. Comment calcule-t-on la croissance économique ?
6. Pourquoi peut-on dire que la croissance est un phénomène récent et différencié ?
7. Quels sont les risques environnementaux de la croissance économique ?
8. Selon la théorie du développement durable, pourquoi la durabilité n'est-elle pas incompatible avec la croissance ?

8 Calculer une VA marchande et un EBE

→ FICHE 10

Durant une année d'activité, un boulanger façonne 18 000 pains qu'il vend en totalité au prix de 1 € l'unité. Pour cela, il a recruté un apprenti à temps partiel qu'il paye 6 000 € brut l'année ; il a utilisé un four d'une valeur de 2 000 €, dont la durée de vie estimée est de 10 ans, 2 250 € de farine, 140 € d'eau et 840 € d'électricité. Il a payé 600 € une entreprise extérieure qui s'est chargée de sa comptabilité. Ses impôts sur la production se sont élevés à 600 €.

1. Calculez la valeur ajoutée marchande de ce boulanger l'année considérée.
2. Calculez l'excédent brut d'exploitation (EBE) de ce boulanger l'année considérée.

9 Calculer des valeurs nominales et des valeurs réelles

→ FICHE 11

Document **PIB en valeur et en volume, et indice des prix à la production**

	2014	2015	2016	2017
PIB en valeur (milliards €)	2 149,8	2 198,4		2 291,7
PIB en volume (milliards € de 2014)	2 149,8		2 199,1	2 246,7
Indice des prix à la production	100	101,1	101,3	

Source : Insee.

1. Calculez les valeurs manquantes du tableau :

a. PIB en volume de 2015.

b. PIB en valeur de 2016.

c. Indice des prix à la production 2017.

2. Calculez le taux de variation du PIB en volume entre 2016 et 2017.

Savoir-faire

Distinguer valeur réelle et valeur nominale

Lorsqu'une grandeur économique exprimée en unité monétaire varie, on se pose la question de savoir si c'est son prix ou son volume (quantité) qui a varié.

- Si c'est le volume de cette grandeur qui varie, on parle d'une variation de sa **valeur réelle** (on dit aussi « à prix constant » ou « en volume »).
- Si c'est le prix unitaire qui varie, on parle alors d'une variation de sa **valeur nominale** (on dit aussi « à prix courant » ou « en valeur »).
- On peut calculer la valeur réelle à partir de la valeur nominale :

$$\text{valeur réelle} \approx \frac{\text{valeur nominale}}{\text{indice des prix}} \times 100$$

10 Calculer un taux de variation cumulé

→ FICHE 11

Un glacier veut calculer la progression annuelle de son chiffre d'affaires (CA). Il dispose du document suivant :

Document **CA réalisé chaque année par le glacier (2010-2017)**

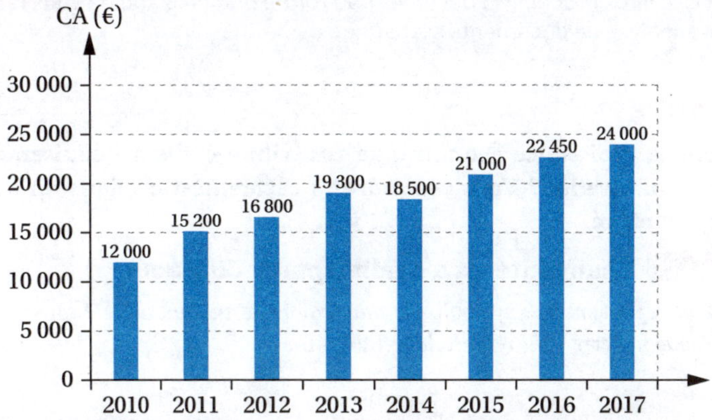

Calculez le taux de variation cumulé du chiffre d'affaires de ce glacier entre 2010 et 2017.

Savoir-faire

Calculer un taux de variation cumulé

Le taux de variation cumulé est un taux de croissance annuel moyen (TCAM). Il indique l'évolution que doit connaître une variable en moyenne chaque année pour voir sa valeur évoluer d'un certain pourcentage sur une période. Pour le calculer, plusieurs étapes sont nécessaires :

- Calculer le coefficient multiplicateur global (CMG) sur la période :

$$\text{CMG} = \frac{\text{valeur d'arrivée}}{\text{valeur de départ}}$$

- Calculer le coefficient multiplicateur moyen (CMM) sur la période :

$$\text{CMM} = \text{CMG}^{\frac{1}{n}}, \text{ où n = nombre d'années} - 1$$

- Calculer le taux de variation cumulé, ou TCAM :

$$\text{TCAM} = (\text{CMM} - 1) \times 100$$

OBJECTIF BAC

11 L'épuisement des ressources naturelles • Analyse de document

40 min

Cet exercice vous propose un document de forme originale afin de vous familiariser avec l'analyse de documents statistiques.

LE SUJET

Comment la croissance économique contribue-t-elle à l'épuisement des ressources naturelles ? Vous répondrez à cette question dans un développement structuré.

Document **L'humanité vit à crédit à partir du 2 août**

Le « jour du dépassement » symbolise le moment de l'année où ont été consommées les ressources que la Terre peut renouveler en un an.

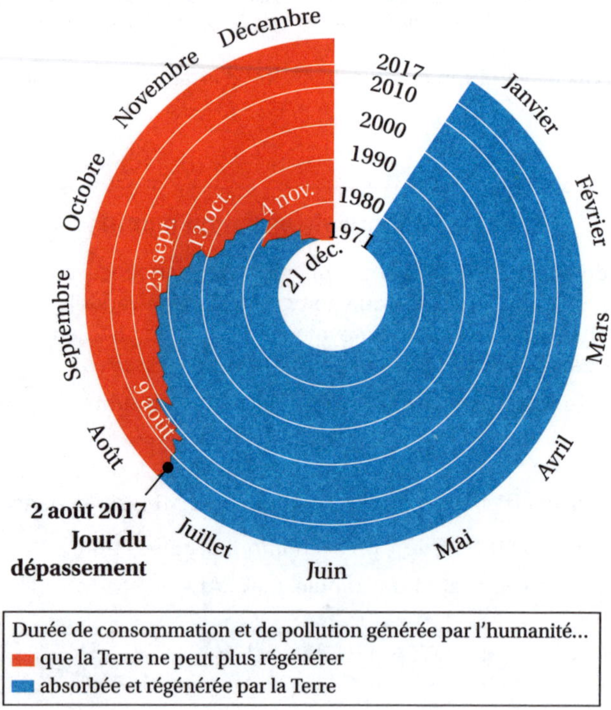

Source : Global Footprint Network.

Méthode

Analyser un document statistique

Étape 1 Identifier le document

- Un document statistique peut prendre de nombreuses formes : courbe, diagramme en bâtons, diagramme circulaire (« camembert »), etc. Commencez par déterminer à laquelle vous avez affaire.
- Lisez attentivement les informations qui accompagnent le document (titre, source, notes, etc.) et les indications spatio-temporelles. Repérez la ou les **variables** considérées, et leurs **unités**.
- Essayez de faire une phrase avec une donnée du graphique. Cela vous guidera dans la lecture et la compréhension du document.

Étape 2 Lire le document

- Allez du général au particulier. Repérez d'abord les grandes tendances et les valeurs extrêmes (les plus élevées et les plus faibles).
- Ensuite, intéressez-vous aux détails, aux phénomènes secondaires ou limités à une partie de la période.

Étape 3 Construire la réponse → MÉTHODE p. 184

▶▶▶ LA FEUILLE DE ROUTE

Étape 1 Identifier le document

- Le document est un diagramme circulaire.
- Il indique, pour les années 1971 à 2017, la proportion des ressources naturelles consommées par l'activité humaine que la Terre peut renouveler.
- Selon le Global Footprint Network, en 2017, la Terre n'était en mesure de renouveler que 7/12e des ressources naturelles consommées par l'activité humaine ; c'est-à-dire les ressources naturelles consommées durant sept mois.

Étape 2 Lire le document

- La Terre renouvelle une part tendanciellement de plus en plus faible des ressources naturelles consommées par l'activité humaine : en 1971, elle parvenait à en renouveler près de 100 %, contre 58 % (7/12e) seulement en 2017.
- On observe plusieurs périodes de reflux de ce phénomène, notamment à la fin des années 2000, période de ralentissement de la croissance économique.

Étape 3 Construire la réponse

La réponse s'articulera autour de deux grands axes : le rythme de la croissance influe sur le rythme d'épuisement des ressources naturelles ; la croissance économique réduit la capacité de la Terre à renouveler les ressources naturelles consommées par l'activité humaine. → CORRIGÉ p. 64

CORRIGÉS

SE TESTER QUIZ

1 La création de richesses d'une entreprise

1. Réponses b et c. La réponse b correspond au calcul de la VA marchande, la réponse c à celui de la VA non marchande. La réponse a donne la formule du CA.

2. Réponses a et c. L'EBE est le revenu que l'entreprise tire de sa production. C'est un indicateur de l'efficacité économique d'une entreprise.

2 La création de richesses d'un pays

1. Réponse c. Le PIB est la somme des VA marchandes et des VA non marchandes.

2. Réponses a et b. Le PIB surestime une part de la production (ex. : activités de réparations d'incidents causés par l'activité humaine) et en sous-estime une autre part (ex. : activités non rémunérées).

3 La croissance économique

1. Réponse b. Pour mesurer la croissance économique, on calcule le taux de variation du PIB en volume entre deux années.

2. Réponse b. La croissance économique s'est accélérée dans les pays industrialisés durant les Trente Glorieuses.

4 Les limites écologiques de la croissance

Réponse a et b. Le développement durable a pour objectif de répondre aux besoins du présent sans compromettre la capacité des générations futures à répondre aux leurs. Il n'exclut pas la croissance.

S'ENTRAÎNER

5 Comprendre le vocabulaire du cours

- Production d'une entreprise privée : VA marchande.
- Production d'un pays : PIB.
- Augmentation de la production d'un pays : croissance économique.
- Surface économique nécessaire : empreinte écologique.

6 Se repérer sur un graphique

1. Il s'agit d'une série chronologique, c'est-à-dire un graphique qui donne les différentes valeurs d'une variable à différentes dates.

2. La variable est le PIB (somme des valeurs ajoutées) en volume. Son évolution ne prend donc en compte que l'évolution de la quantité de biens et services produite, non celle de leur prix à la production.

3. Selon l'Insee, le PIB en volume de la France était, en 2017, 2 % plus élevé environ qu'en 2016 : la **croissance** de la France en 2017 s'est donc élevée à 2 % environ.

7 Réviser le cours en 8 questions flash

1. La VA reflète la valeur de la production correspondant à la **seule contribution d'une entreprise** donnée, alors que le CA englobe également la contribution d'autres entreprises, *via* les CI.

2. Une entreprise peut mesurer son efficacité productive en calculant sa **productivité du travail** (quantité de biens ou services produits par chaque travailleur en moyenne) ou le **bénéfice** qu'elle a réalisé (EBE).

3. La **VA marchande** est produite par les entreprises et se mesure par le calcul : VA = CA – CI. La **VA non marchande** est produite par les administrations publiques et est égale à la somme des coûts de production.

4. Le PIB ne tient compte ni de la richesse matérielle non produite (ressources naturelles), ni de la **qualité** des biens et services produits, ni des richesses **immatérielles** (bien-être, cohésion sociale).

5. La croissance économique est mesurée par le **taux de variation du PIB** en volume entre deux années.

6. La croissance économique n'apparaît qu'avec la **première révolution industrielle** (fin du XVIIIe s.), et ne concerne d'abord que les « économies avancées ». Après la Seconde Guerre mondiale, elle touche également l'Afrique et l'Asie.

7. La croissance économique est à l'origine de plusieurs **risques** : l'épuisement des ressources naturelles, la pollution et les changements climatiques responsables d'événements climatiques extrêmes.

8. La croissance peut faciliter le financement de l'**innovation « verte »** (ex. : moteurs émettant moins de CO_2). L'objectif de durabilité peut **stimuler** certaines productions (ex. : énergie solaire).

> **À NOTER**
> Ainsi, dans le cadre du DD, croissance et durabilité peuvent non seulement se concilier, mais se renforcer mutuellement.

8 Calculer une VA marchande et un EBE

1. La valeur ajoutée marchande (VA) s'obtient en retranchant les consommations intermédiaires (CI) du chiffre d'affaires (CA) : VA = CA – CI.

- Pour calculer le CA, on multiplie le nombre de pains vendus par le prix unitaire du pain : CA = 18 000 × 1 € = 18 000 €.
- Les CI comprennent les dépenses en farine, eau, électricité et services de comptabilité.

Par conséquent, CI = 2 250 € + 140 € + 840 € + 600 € = 3 830 €.

- D'où VA = 18 000 € – 3 830 € = 14 170 €.

La VA marchande du boulanger s'élève à **14 170 €** pour l'année considérée.

> **À NOTER**
> Ni les salaires, ni les dépenses en capital fixe (ici, le four) ne sont utiles pour calculer la VA.

2. L'excédent brut d'exploitation (EBE) s'obtient en retranchant les coûts de production du CA. Les coûts de production comprennent les CI, ainsi que les salaires et les impôts sur la production.

D'où EBE = VA – salaires – impôts sur la production
= 14 170 € – 6 000 € – 600 € = 7 570 €

L'EBE réalisé par le boulanger l'année s'élève à **7 570 €** pour l'année considérée.

9 Calculer des valeurs nominales et des valeurs réelles

1. a. PIB vol. 2015 = PIB val. 2015/Indice des prix à la production en 2015) × 100
= (2 198,4/101,1) × 100 ≈ 2 174,4 milliards d'euros de 2014

La valeur manquante dans la 2e colonne du tableau est **2 174,4.**

b. PIB val. 2016 = (PIB vol. 2016 × Indice des prix à la production en 2016)/100
= (2 199,1 × 101,3)/100 ≈ 2 227,7 milliards d'euros

La valeur manquante dans la 3e colonne du tableau est **2 227,7.**

c. Indice des prix à la production en 2017 = (PIB val. 2017/PIB vol. 2017) × 100
= (2 291,7/2 246,7) × 100 ≈ 102

La valeur manquante dans la 4e colonne du tableau est **102.**

2. TV PIB vol. 2017/2016 = [(PIB vol. 2017 – PIB vol. 2016)/ PIB vol. 2016] × 100
= [(2 246,7 – 2 199,1)/2 199,1] × 100 ≈ 2,16 %

Le taux de variation du PIB en volume entre 2016 et 2017 est de **2,16 %.**

10 Calculer un taux de variation cumulé

CMG = valeur d'arrivée/valeur de départ = 24 000/12 000 = 2

CMM = $CMG^{\frac{1}{n}} = 2^{\frac{1}{7}}$ ≈ 1,104, car n = nombre d'années – 1 = 8 – 1 = 7

TCAM = (CMM – 1) × 100 = (1,104 – 1) × 100 = 10,4 %.

Le chiffre d'affaires de ce glacier a augmenté de **10,4 %** en moyenne chaque année entre 2010 et 2017.

OBJECTIF BAC

11 Analyse de document

La croissance économique contribue à l'épuisement des ressources naturelles.

■ En effet, l'augmentation durable et soutenue des quantités produites entraîne une augmentation des prélèvements sur les ressources (minerais, bois, pétrole, gaz, etc.). Elle entraîne également une hausse des déchets. On observe ainsi sur ce document publié par le Global Footprint Network, qu'en 1970, la Terre pouvait renouveler la quasi-totalité des ressources détruites par les consommations humaines de l'année ; en 2017, elle ne peut en renouveler que **7/12e (7 mois sur 12).**

CONSEIL
Effectuez un calcul simple à partir des données du document pour illustrer votre propos.

■ La légère amélioration de la situation à la fin des années 2000 n'est malheureusement pas imputable à des mesures volontaires visant à réduire l'empreinte écologique de l'humanité, mais à la chute du PIB qu'ont connue de nombreux pays après la crise économique de 2007-2008.

Comment fonctionne un marché ?

Le marché fixe un prix aux biens et services qui s'y échangent. Il peut donner une valeur monétaire à toute chose, même aux ressources naturelles, comme les richesses forestières. Mais une telle valorisation marchande est-elle exempte de risque ?

13 Qu'est-ce qu'un marché ?

En bref *Nous obtenons des produits de consommation de diverses manières. Nous pouvons les produire nous-mêmes, les recevoir des administrations, ou bien nous les procurer sur les marchés. Mais toute chose peut-elle être échangée sur un marché ?*

I Quelles formes peut prendre un marché ?

Un marché est un lieu de rencontre entre des **vendeurs** qui offrent une marchandise et des **demandeurs** qui souhaitent l'acheter. Cette rencontre permet de déterminer le prix de la marchandise et la quantité échangée.

1 Un marché peut être physique ou immatériel

- Offreurs et demandeurs peuvent **se rencontrer physiquement**. C'est le cas sur le marché du village, où les clients se déplacent d'étal en étal pour choisir leurs produits et régler leurs achats « de la main à la main ».
- Certains échanges peuvent se faire **à distance**. Ces marchés immatériels peuvent, par exemple, prendre la forme de sites Internet, où les clients sélectionnent leurs produits avant de payer en ligne par carte bancaire.

2 Il existe autant de marchés que de marchandises

- Le marché de la pomme de terre ou le marché du livre sont des **marchés de biens**. Le marché des cours privés ou le marché bancaire sont des **marchés de services**.
- Sur les **marchés de capitaux**, les entreprises peuvent vendre des **actions** et **obligations** en échange de sommes d'argent dont elles ont besoin pour investir.
- Sur le **marché du travail** s'échange la force de travail (facultés physiques et intellectuelles du travailleur) : les individus en recherche d'emploi sont offreurs, et les employeurs sont demandeurs.

MOTS CLÉS
L'acheteur d'une **action** devient associé de l'entreprise qui l'a émise.
L'acheteur d'une **obligation** devient créancier de l'entreprise qui l'a émise.

II Quels sont les enjeux du marché ?

1 Un moyen efficace d'orienter les comportements économiques ?

- Pour les économistes néoclassiques, le marché permet de **repérer l'usage le plus efficace d'une ressource**. Comment savoir, par exemple, qui doit consommer les pommes disponibles ? Les néoclassiques répondent que ce sont ceux qui en tirent la plus grande satisfaction. Comment les identifier ? Ce sont ceux qui, sur le marché des pommes, sont prêts à payer le plus cher.

■ De même, comment savoir **qui doit accéder aux facteurs de production** ? Les néoclassiques répondent que ce sont ceux qui créent le plus de profit. Comment les identifier ? Ce sont ceux qui, sur le marché des capitaux, sont prêts à rémunérer le plus les épargnants qui mettront de l'argent à leur disposition.

■ Selon la vision néoclassique, toute **autre modalité de répartition** entraînerait moins de bien-être et de profits. Par exemple, la coutume ou l'État, en décidant, à la place du marché, qui doit avoir accès aux pommes ou à l'argent, risqueraient de les mettre à la disposition d'agents qui n'en feraient pas le meilleur usage.

2 Les risques d'une marchandisation du monde

■ Il est tentant de soumettre toute chose à la **logique de valorisation par le marché**. Par exemple, pour savoir qui doit utiliser l'eau potable de certaines régions arides, il suffirait de créer un marché où chacun enchérirait. Celui qui serait prêt à payer le plus aurait accès à la ressource.

■ Le danger de cette **marchandisation** est double : non seulement ceux qui n'ont pas les moyens d'enchérir peuvent se voir privés d'une ressource vitale ; mais en plus, il n'est pas garanti que ceux qui peuvent payer ne la gaspillent pas…

MOT CLÉ

La **marchandisation** consiste à confier au marché l'allocation d'une ressource dont l'usage, jusqu'alors, faisait l'objet d'un autre mode de gestion.

zoOm

La marchandisation est-elle toujours une bonne idée ?

Photographie promotionnelle de l'application « Experiences » d'Airbnb.

■ La société américaine Airbnb a créé en 2007 un marché de l'hébergement touristique entre particuliers. Depuis 2017, la plateforme propose en France son offre « Experiences », qui permet aux voyageurs de payer des habitants pour partager et découvrir leur quotidien.

■ D'un côté, l'expérience permet aux voyageurs de mieux connaître les destinations d'accueil. De l'autre, on peut regretter qu'aux rencontres libres et gratuites se substitue une relation où l'un se subordonne à l'autre contre argent.

14 Comment évolue la demande par rapport au prix ?

En bref *Lorsque le prix d'une marchandise augmente, en général, les consommateurs en achètent moins : la demande baisse. Cependant, il y a certains cas où ce phénomène n'est pas vérifié.*

I Lorsque le prix augmente, la demande baisse

La demande est la quantité d'une marchandise qu'un agent économique ou un ensemble d'agents souhaite acheter à un prix donné. En général, elle baisse avec la hausse du prix. Les néoclassiques proposent une explication à ce phénomène.

1 La théorie néoclassique

- Selon les néoclassiques, le prix qu'un consommateur est prêt à payer pour un bien, par exemple une pomme, correspond à la satisfaction qu'il lui procure.
- Ils font alors l'hypothèse que le consommateur qui a déjà mangé une pomme tirera moins de satisfaction d'une seconde pomme. Dès lors, le seul moyen de le convaincre d'acheter une pomme supplémentaire est de baisser le prix.
- Ils en déduisent que la demande n'augmente que si le prix baisse, et donc qu'une hausse des prix entraîne une baisse de la demande.

2 La courbe de demande décroissante

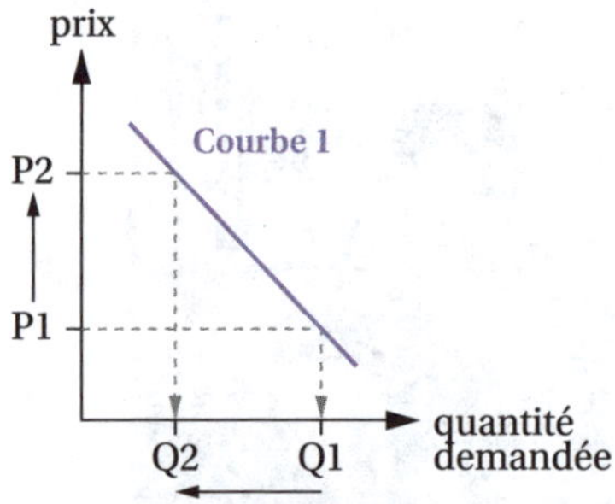

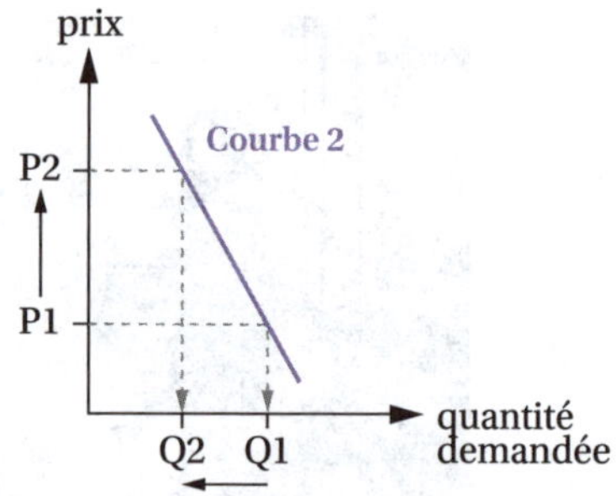

- La courbe de demande se représente dans un repère : le prix est en ordonnées et les quantités demandées en abscisses.
- Les courbes 1 et 2 sont décroissantes : elles indiquent bien que, lorsque le prix augmente (de P1 à P2), la quantité demandée baisse (de Q1 à Q2).
- Une même hausse du prix entraîne une baisse plus forte de la demande sur la courbe 1 que sur la courbe 2. On dit que l'élasticité-prix de la demande est plus forte. On en déduit que la demande est plus sensible au prix dans le cas de la courbe 1.

MOT CLÉ
On appelle **élasticité-prix de la demande** la sensibilité de la demande aux variations du prix.

II On observe parfois le phénomène inverse

1 Les biens qui ont une demande croissante avec le prix

- Les **biens « Veblen »** ont vocation à indiquer le rang social du consommateur. Un prix élevé peut attirer des consommateurs souhaitant se distinguer par leur richesse.
- Les **biens « Akerlof »** attirent par leur qualité supposée, suggérée par leur prix élevé (ex. : ordinateur, téléphone portable).
- Les **biens « Giffen »** sont des biens de première nécessité (ex. : pain). Si leur prix augmente, les ménages préféreront sacrifier d'autres aliments (ex. : yaourts) et compenser le manque calorique en augmentant leur consommation des premiers.

2 La courbe de demande croissante

La **courbe 3** illustre cette situation : lorsque le prix augmente (de P1 à P2), les quantités demandées augmentent (de Q1 à Q2).

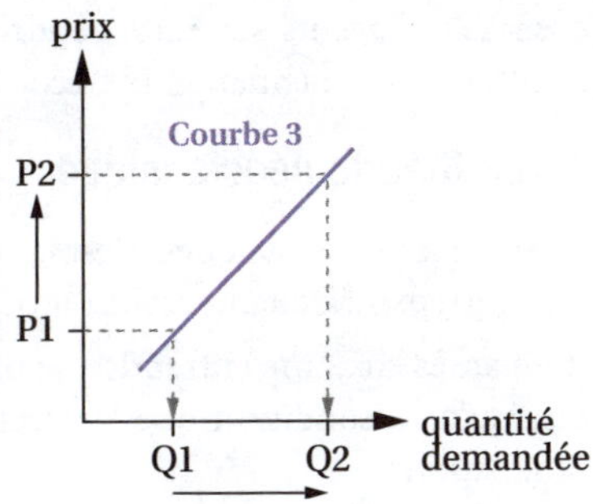

zoom

L'influence du prix sur la demande de prêt-à-porter

Critères d'achat	Segments : Bon marché	Mode bon marché	Mode	Haut de gamme
Prix	41 %	19 %	9 %	6 %
Bon rapport qualité prix	23 %	18 %	12 %	11 %
Style/tendances	12 %	30 %	40 %	30 %
Qualité	8 %	14 %	19 %	39 %
Large choix	15 %	15 %	15 %	10 %
Notoriété	2 %	4 %	6 %	5 %

Source : Simon-Kucher Partners, 2017.

- Ce document présente les résultats d'une enquête réalisée auprès de femmes, portant sur les critères d'achat de vêtements de prêt-à-porter. Pour les vêtements bon marché, le prix est un critère pour 41 % des personnes interrogées, mais pour seulement 6 % dans le cas d'achat de vêtements haut de gamme.
- Selon ce document, on constate que plus on va vers le haut de gamme, moins le prix fait varier la demande.

15 Comment évolue l'offre par rapport au prix ?

En bref *Lorsque le prix de vente de leurs produits augmente, et si leurs coûts de production restent inchangés, les entreprises peuvent augmenter leurs profits. Dans une telle situation, il est tentant pour elles d'augmenter leur production, c'est-à-dire leur offre.*

I Lorsque le prix augmente, l'offre augmente

L'offre est la quantité d'une marchandise qu'un agent économique ou un ensemble d'agents souhaite vendre à un prix donné. Elle augmente en général lorsque le prix augmente. Les néoclassiques expliquent ce phénomène.

1 La théorie néoclassique

- Selon les néoclassiques, c'est la perspective d'augmenter ses profits qui incite une entreprise à augmenter sa production.
- D'après eux, une entreprise ne produit une unité supplémentaire de marchandise qu'à la condition que la recette de la vente soit supérieure à son coût de production.
- Dès lors, pour qu'une entreprise augmente sa production, c'est-à-dire son offre, il faut, toutes choses égales par ailleurs, que le prix augmente.

MOT CLÉ
L'expression « **toutes choses égales par ailleurs** » signifie que, parmi les différents paramètres de l'économie, seul celui qui nous intéresse est modifié.

2 La courbe d'offre croissante

- Comme la courbe de demande, la courbe d'offre se représente dans un repère : le prix est en ordonnées et les quantités offertes en abscisses.
- La courbe 1 indique que lorsque le prix augmente (de P1 à P2), la quantité offerte augmente également (de Q1 à Q2).

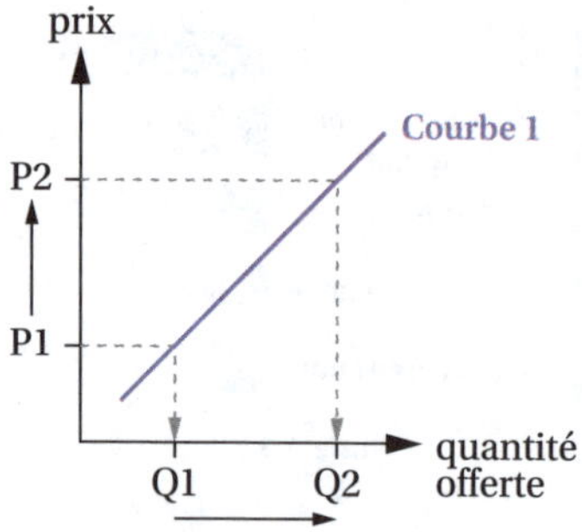

II Mais il y a des exceptions

1 L'offre peut être rigide ou infinie

- Parfois, l'offre n'évolue pas. Par exemple, les tableaux de maîtres ont une quantité disponible donnée ; si tous les facteurs de production d'un pays sont mobilisés, leur production n'augmente plus. On dit que l'**offre est inélastique au prix**.

- Dans d'autres cas, l'offre est infinie. Par exemple, un forfait de téléphonie mobile peut permettre de passer un nombre illimité d'appels.

MOT CLÉ
On désigne par **élasticité-prix de l'offre** la sensibilité de l'offre aux variations du prix.

2 Représentations graphiques

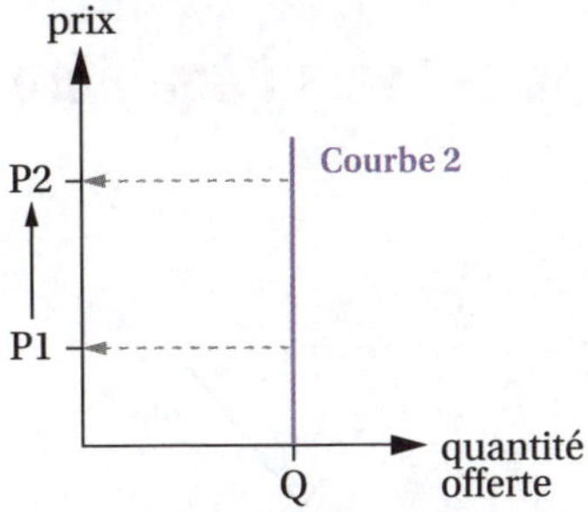

- Offre rigide : la hausse du prix n'a aucun impact sur la quantité offerte.

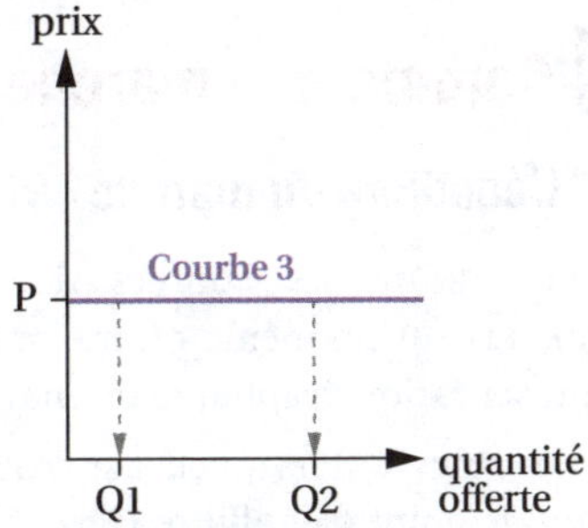

- Offre infinie : pour un même prix de vente, l'offre est illimitée.

zoOm

Taux de marge et taux d'investissement

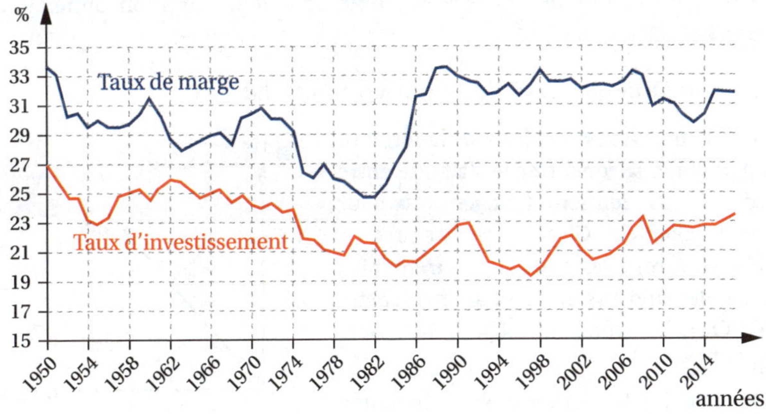

- Ce document, qui présente l'évolution du taux de marge et du taux d'investissement des sociétés non financières en France, indique une certaine corrélation entre les deux variables. Lorsque le taux de marge – indicateur de profit → FICHE 9 – augmente, l'investissement – indicateur d'offre – augmente, et *vice versa*.
- On peut formuler une hypothèse : lorsque le taux de marge diminue, les entreprises perçoivent moins de bénéfices et réduisent alors leurs d'investissements.

16 Comment se forme l'équilibre sur un marché ?

En bref *L'efficacité du marché repose sur sa capacité à fournir un prix d'équilibre qui égalise l'offre et la demande. À ce prix, l'échange est réputé être optimal : il alloue les ressources rares de la façon la plus efficace possible.*

I Comment le marché converge-t-il vers l'équilibre ?

1 L'équilibre du marché

- En traçant les courbes d'offre et de demande sur un même repère, on obtient la **représentation graphique du marché.**
- On observe alors qu'elles se croisent en un point, le **point d'équilibre (Éq)**.
- Si l'on projette ce point sur l'axe des ordonnées, on obtient le **prix d'équilibre ($P_{éq}$)** : prix auquel s'égalisent l'offre et la demande.

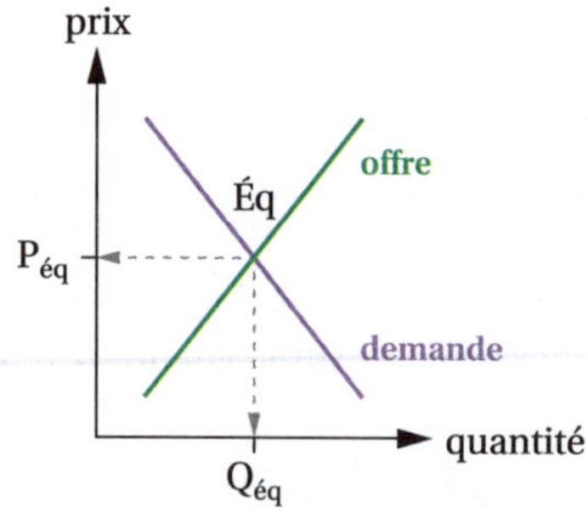

- Si l'on projette ce point sur l'axe des abscisses, on obtient la **quantité d'équilibre ($Q_{éq}$)** : quantité devant être échangée pour une allocation optimale des ressources.

2 La convergence vers l'équilibre du marché

- Sur un marché, **si l'offre est supérieure à la demande**, la concurrence s'aiguise entre les offreurs. Ils réduisent donc leur prix pour attirer la clientèle. C'est le cas au prix P1 (voir ci-contre) : les vendeurs offrent plus que les demandeurs ne souhaitent acheter (D1 < O1). **Le prix de marché baisse** alors jusqu'à $P_{éq}$.
- Dans la situation inverse, **si la demande est supérieure à l'offre**, la concurrence s'aiguise entre demandeurs. Ils doivent donc enchérir pour accéder à la marchandise. **Le prix de marché remonte** alors jusqu'à $P_{éq}$.

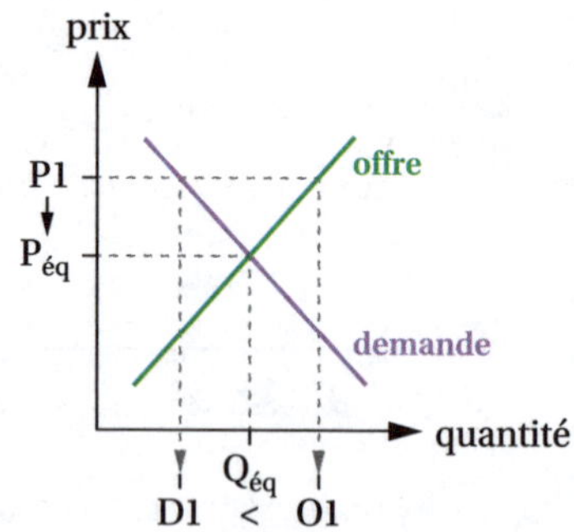

- Ce phénomène de convergence s'appelle la « **loi de l'offre et de la demande** ».

II À quelles conditions ?

1 Les agents doivent être rationnels

Un agent économique sera considéré comme rationnel s'il utilise ses ressources pour optimiser sa situation : le ménage, en se procurant les biens et services qui vont **maximiser sa satisfaction** ; l'entreprise, en produisant la quantité de biens et services dont la vente va **maximiser son profit**.

2 Le marché doit être en situation de concurrence parfaite

- Aucun agent économique ne doit être en mesure d'imposer un autre prix que le **prix d'équilibre**. Pour cela, plusieurs conditions sont nécessaires.
- Les **concurrents** doivent être nombreux : si une entreprise veut fixer un prix supérieur au prix de marché, elle risque alors de perdre sa clientèle au profit des concurrents.
- Sur un marché considéré, **tous les produits doivent être identiques**. Sinon, il suffirait à une entreprise de différencier son produit (qualité, esthétique, etc.) pour être en situation de quasi-monopole et imposer son prix.
- Les agents doivent posséder **toutes les informations** nécessaires à leur choix. Si ce n'était pas le cas, ils pourraient prendre des décisions de vente et d'achat insatisfaisantes, qui éloigneraient le marché de son équilibre optimal.

zoOm

L'effet d'une concurrence accrue dans la téléphonie mobile

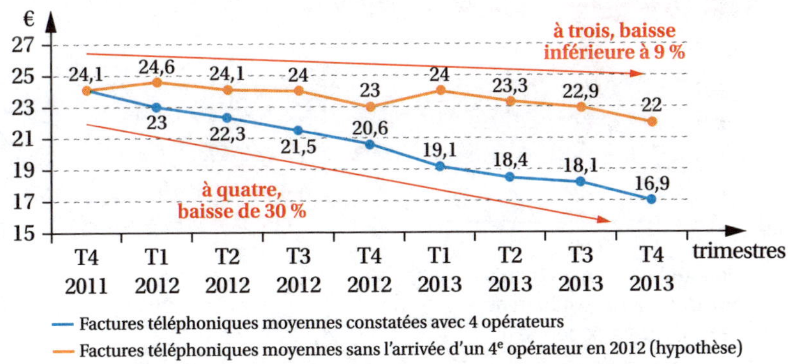

Source : UFC Que choisir, avril 2014.

- Ce document montre l'évolution trimestrielle des factures téléphoniques moyennes entre 2011 et 2013. En 2012, l'arrivée d'un quatrième opérateur en France a accru la concurrence sur le marché de la téléphonie mobile.
- Il en a résulté une baisse des prix des forfaits téléphoniques plus rapide qu'elle aurait pu être si le marché était resté partagé entre trois opérateurs.

MÉMO VISUEL

Qu'est-ce qu'un marché ?

Définition
Lieu de rencontre d'une offre et d'une demande

Caractéristiques
- Le marché est physique ou immatériel
- On distingue :
  - les marchés de biens et services
  - les marchés de capitaux
  - les marchés du travail

Enjeux
- Allouer les ressources
- Risque d'une allocation inégalitaire

LE
D'UN

Comment évolue l'offre par rapport au prix ?

L'offre
Quantité d'une marchandise que des agents souhaitent vendre à un prix donné

En général, l'offre augmente quand le prix augmente

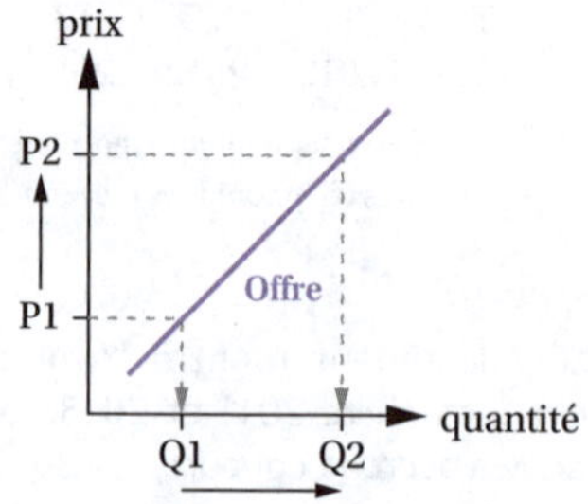

FONCTIONNEMENT MARCHÉ

Comment évolue la demande par rapport au prix ?

La demande
Quantité d'une marchandise que des agents souhaitent acheter à un prix donné

En général, la demande diminue quand le prix augmente

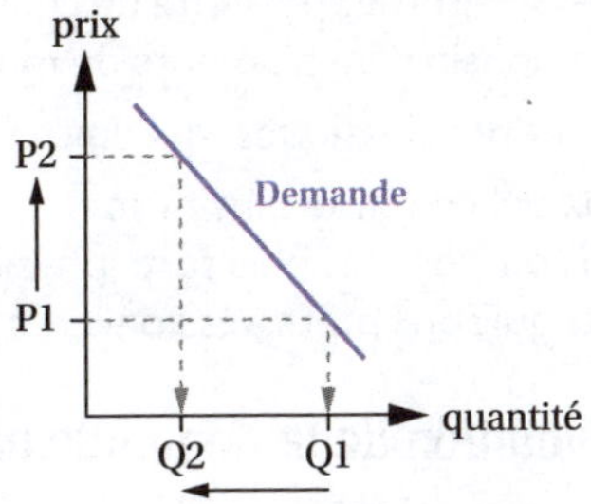

Comment se forme l'équilibre sur un marché ?

Convergence vers l'équilibre
Si les prix fluctuent librement sur le marché, la loi de l'offre et de la demande les fait converger vers l'équilibre

Équilibre du marché
Le marché est à l'équilibre lorsque l'offre est égale à la demande

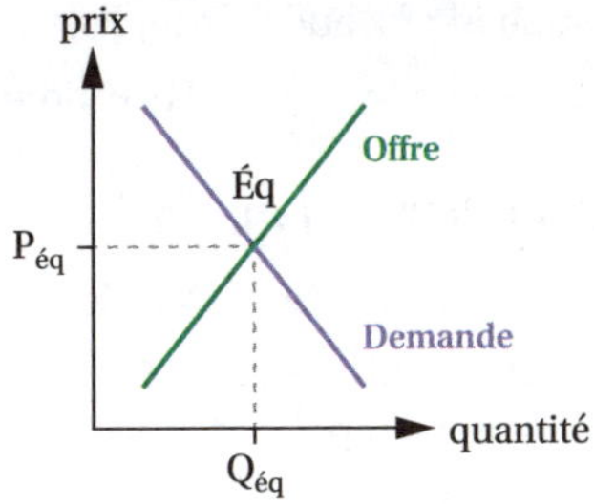

Conditions de l'équilibre du marché
- Les agents économiques doivent être rationnels
- Le marché doit être en situation de concurrence parfaite

SE TESTER QUIZ

Vérifiez que vous avez bien compris les points clés des **fiches 13 à 16**.

1 Le marché

→ FICHE 13

1. Parmi ces marchés, le(s)quel(s) est(sont) immatériel(s) ?

☐ **a.** un marché de fruits et légumes sur la place d'un village
☐ **b.** un site Internet de vente de chaussures en ligne
☐ **c.** un magasin d'instruments de musique

2. Selon les néoclassiques, qui doit accéder aux ressources ?

☐ **a.** ceux qui en ont le plus besoin
☐ **b.** ceux qui sont les plus forts physiquement
☐ **c.** ceux qui sont prêts à les payer le plus cher

2 L'évolution de la demande par rapport au prix

→ FICHE 14

1. Sur un marché, lorsque le prix augmente, la demande…

☐ **a.** diminue toujours.
☐ **b.** diminue le plus souvent.
☐ **c.** augmente le plus souvent.

2. Comment évolue la demande de biens Veblen quand leur prix augmente ?

☐ **a.** Elle augmente. ☐ **b.** Elle diminue. ☐ **c.** Elle est insensible au prix.

3 L'évolution de l'offre par rapport au prix

→ FICHE 15

1. La courbe d'offre est…

☐ **a.** toujours croissante.
☐ **b.** le plus souvent croissante.
☐ **c.** le plus souvent décroissante.

2. Lorsque le prix augmente, l'offre peut être…

☐ **a.** rigide. ☐ **b.** infinie. ☐ **c.** croissante.

4 L'équilibre du marché

→ FICHE 16

1. Sur la représentation graphique d'un marché, le prix d'équilibre est…

☐ **a.** le point d'intersection des courbes d'offre et de demande.
☐ **b.** l'abscisse du point d'équilibre.
☐ **c.** l'ordonnée du point d'équilibre.

2. Que dit la loi de l'offre et de la demande ?

☐ **a.** Si la demande est supérieure à l'offre, les prix baissent.
☐ **b.** Si la demande est supérieure à l'offre, les prix augmentent.
☐ **c.** Si l'offre est supérieure à la demande, les prix baissent.

S'ENTRAÎNER

5 Comprendre le vocabulaire du cours

→ FICHES 13 à 16

Définissez les trois notions suivantes.

1. la demande 2. l'offre 3. l'équilibre du marché

6 Représenter graphiquement un marché

→ FICHE 14

Soit la situation suivante sur le marché des pains au chocolat :

Prix des pains au chocolat	Demande de Jeanne	Demande de Karim	Demande globale	Offre de Lydia	Offre de Jérémie	Offre globale
0,00 €	12	7		0	0	
0,50 €	10	6		0	0	
1,00 €	8	5		1	0	
1,50 €	6	4		2	2	
2,00 €	4	3		3	4	
2,50 €	2	2		4	6	
3,00 €	0	1		5	8	

1. Complétez les cases vides du tableau.

2. a. Quelles sont les deux variables qui permettent de construire la courbe de demande de Jeanne ?

b. Laquelle de ces variables détermine l'autre ?

c. Dans le **repère 1** (p. 78), représentez graphiquement la demande de Jeanne.

3. a. Quelles sont les deux variables qui permettent de construire la courbe d'offre de Jérémie ?

b. Laquelle de ces variables détermine l'autre ?

c. Dans le **repère 2** (p. 78), représentez graphiquement l'offre de Jérémie.

4. Dans le **repère 3** (p. 78), représentez graphiquement l'offre et la demande globales sur le marché des pains au chocolat.

Savoir-faire

Représenter graphiquement un marché

Un graphique en courbe présente l'évolution d'une variable en fonction d'une autre variable (ex. : le temps ou le prix).

Pour représenter une courbe, vous devez :

- Identifier les variables.
- Choisir celle dont vous indiquerez la valeur sur l'axe des abscisses.
- Repérer leurs valeurs extrêmes, afin de jalonner les axes.

Repère 1

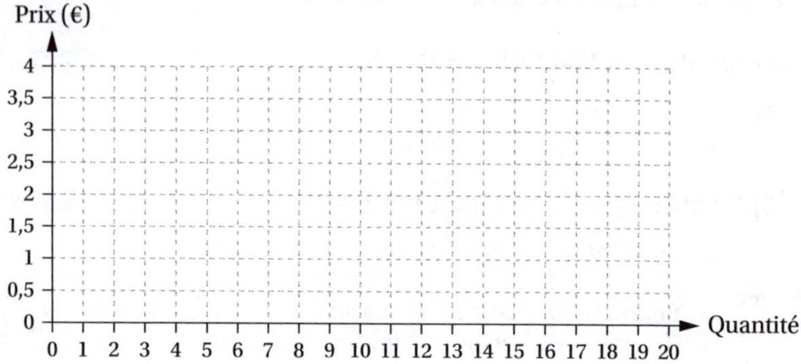

Repère 2

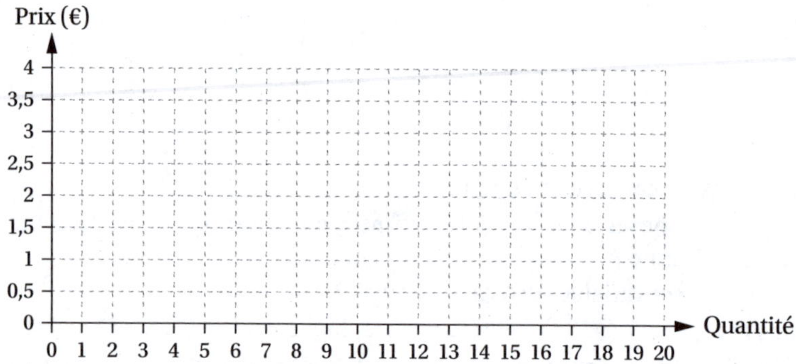

Repère 3

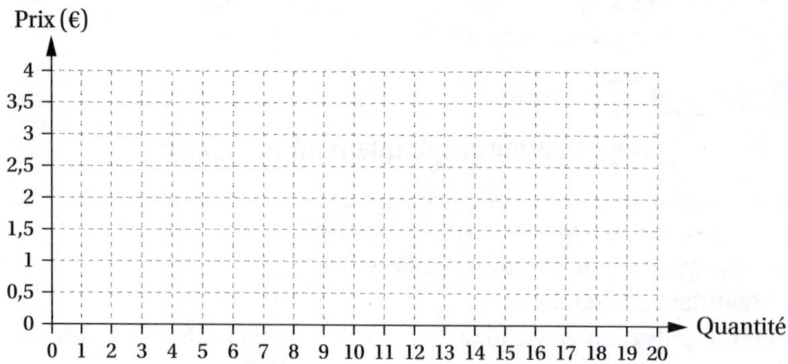

7 Réviser le cours en 8 questions flash

→ FICHES 13 à 16

1. Qu'est-ce qui distingue marchés physiques et marchés immatériels ?
2. Quels sont les risques d'une valorisation marchande des ressources naturelles ?
3. Quelle forme a habituellement la courbe de demande ? Comment l'expliquer ?
4. Quels sont les trois types de biens dont la demande augmente avec le prix ?
5. En général, comment évolue l'offre par rapport au prix ?
6. Qu'est-ce qu'une offre « rigide » ?
7. Quelle est la représentation graphique habituelle d'un marché ?
8. À quelles conditions le marché converge-t-il vers l'équilibre ?

8 Lire des séries chronologiques

→ FICHE 16

Document **Évolution de l'offre et de la demande sur le marché mondial du pétrole du 1er trimestre 2010 au 3e trimestre 2015**

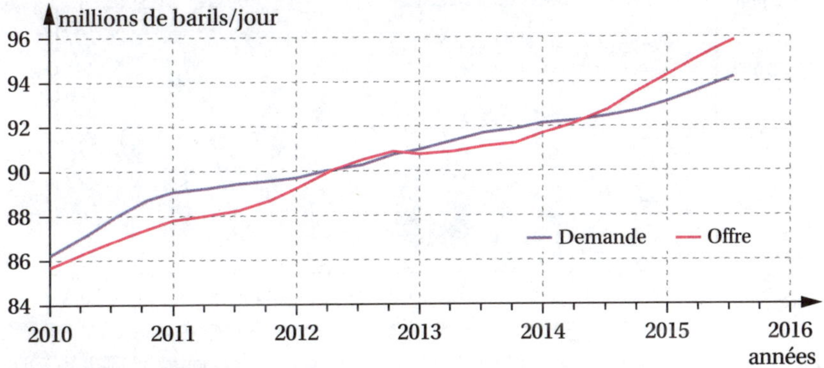

1. Faites une phrase pour présenter les données du 3e trimestre 2015.
2. Comment évoluent tendanciellement l'offre et la demande sur le marché du pétrole sur la période considérée ?
3. Repérez dans le schéma les périodes durant lesquelles la demande de pétrole a été supérieure à l'offre de pétrole.
4. Déduisez-en une évolution probable du prix du pétrole entre le 1er trimestre 2010 et le 3e trimestre 2015.

CONSEIL
Si les courbes du graphique étudié sont toutes en noir et qu'elles se croisent, coloriez-les à l'aide de feutres fins afin de bien les distinguer.

OBJECTIF BAC

9 L'influence des prix sur la demande • Analyse de document

40 min

Cet exercice vous propose de réfléchir aux effets d'une variation des prix sur la demande.

LE SUJET

Analysez les effets d'une hausse du prix du paquet de cigarettes sur la consommation de cigarettes.

Document Ventes de cigarettes en millions d'unités en France (2002-2015)

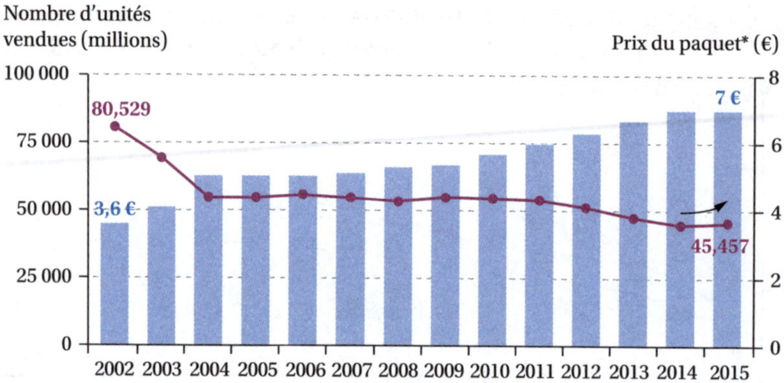

* Prix annuel moyen du paquet de cigarettes de la marque la plus vendue.

Source : OFDT, DGDDI.

Méthode

Comprendre les consignes

Étape 1 Repérez les mots-clés de l'énoncé

Vous devez identifier les mots-clés qui caractérisent la consigne : « définissez » ; « décrivez » ; « expliquez » ; « analysez » ; etc.

Étape 2 Connaître leur signification

Selon le verbe employé, la tâche demandée n'est pas la même.

- **« Définissez »** : donnez la définition d'une notion vue en cours.
- **« Décrivez »** : donnez les éléments permettant de présenter un phénomène (définition, valeur, évolution observée d'une variable).
- **« Expliquez »** : donnez les éléments permettant de comprendre un phénomène.

- **« Analyser »** : décrivez et expliquez un phénomène.
- **« Déduisez »** : indiquez les conséquences logiques d'une situation.
- **« Distinguez »** : indiquez les différences entre deux phénomènes.
- **« Comparez »** : indiquez les ressemblances et les différences entre deux phénomènes.
- **« Illustrez »** : donnez un exemple pour faciliter la compréhension d'un phénomène.

Étape 3 Construire la réponse → MÉTHODE p. 184

▶▶▶ LA FEUILLE DE ROUTE

Étape 1 Repérer les mots-clés de l'énoncé

Les mots-clés à repérer sont **« analysez »** et **« effets »**.

Étape 2 Connaître leur signification

- « Analyser » consiste d'abord à **décrire** le phénomène concerné, c'est-à-dire l'évolution du prix du paquet et de la demande de cigarettes (observée ici par l'intermédiaire des ventes) ; puis à l'**expliquer**.

- Le mot « effets » indique que le phénomène à analyser est un **lien de causalité** : il faut donc clairement identifier la cause et la conséquence et ne pas se tromper sur le sens de cette causalité.

Étape 3 Répondre à la consigne de façon structurée

La réponse se composera donc de **deux parties** : une première décrira les évolutions, une seconde proposera des éléments d'explication. → CORRIGÉ p. 84

CORRIGÉS

▶ SE TESTER QUIZ

1 Le marché

1. Réponse b. Un site Internet de vente de chaussures en ligne est un marché immatériel. Dans les deux autres cas, vendeurs et acheteurs se rencontrent physiquement.

2. Réponse c. Selon les néoclassiques, ceux qui doivent accéder aux ressources sont ceux qui sont prêts à les payer le plus cher.

2 L'évolution de la demande par rapport au prix

1. Réponse b. Sur un marché, lorsque le prix augmente, la demande diminue le plus souvent.

2. Réponse a. Quand leur prix augmente, la demande de biens Veblen augmente, car ce sont des biens consommés pour indiquer un rang social.

3 L'évolution de l'offre par rapport au prix

1. **Réponse b.** La courbe d'offre est le plus souvent croissante.

2. **Réponses a, b et c.** Lorsque le prix augmente, l'offre peut être rigide, infinie ou croissante.

4 L'équilibre du marché

1. **Réponse c.** Sur la représentation graphique d'un marché, le prix d'équilibre est l'ordonnée du point d'équilibre. Attention ! Le prix d'équilibre n'est pas le point d'équilibre !

2. **Réponses b et c.** La loi de l'offre et de la demande dit que si la demande est supérieure à l'offre, les prix augmentent, et si l'offre est supérieure à la demande, les prix baissent.

S'ENTRAÎNER

5 Comprendre le vocabulaire du cours

1. La **demande** est la quantité d'une marchandise qu'un agent économique ou un ensemble d'agents souhaite acheter à un prix donné.

2. L'**offre** est la quantité d'une marchandise qu'un agent économique ou un ensemble d'agents souhaite vendre à un prix donné.

3. Sur la représentation graphique du marché, l'**équilibre du marché** désigne le point d'intersection entre l'offre et la demande. Cet équilibre se caractérise par un prix et une quantité désignés comme prix d'équilibre et quantité d'équilibre.

À NOTER
Ne confondez pas « **équilibre** » et « **prix d'équilibre** » : ce dernier se lit sur l'axe des ordonnées, pas au croisement des courbes.

6 Représenter graphiquement un marché

1. Sur un marché, la demande globale est la **somme des demandes particulières** des demandeurs ; l'offre globale est la **somme des offres particulières** des offreurs.

Prix des pains au chocolat	Demande de Jeanne	Demande de Karim	Demande globale	Offre de Lydia	Offre de Jérémie	Offre globale
0,00 €	12	7	19	0	0	0
0,50 €	10	6	16	0	0	0
1,00 €	8	5	13	1	0	1
1,50 €	6	4	10	2	2	4
2,00 €	4	3	7	3	4	7
2,50 €	2	2	4	4	6	10
3,00 €	0	1	1	5	8	13

2. a. Pour construire la demande particulière de Jeanne, il faut repérer les différents **prix** possibles d'un pain au chocolat et la **quantité que Jeanne demande** pour chaque prix.
b. C'est le **prix** qui détermine la quantité demandée.
c. Voir graphique ci-contre.

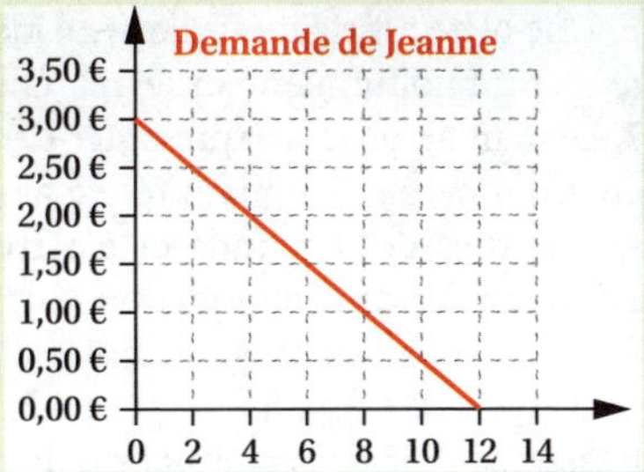

3. a. Pour construire l'offre particulière de Jérémie, il faut repérer les différents **prix** possibles d'un pain au chocolat et la **quantité que Jérémie offre** pour chaque prix.
b. C'est le **prix** qui détermine la quantité offerte.
c. Voir graphique ci-contre.

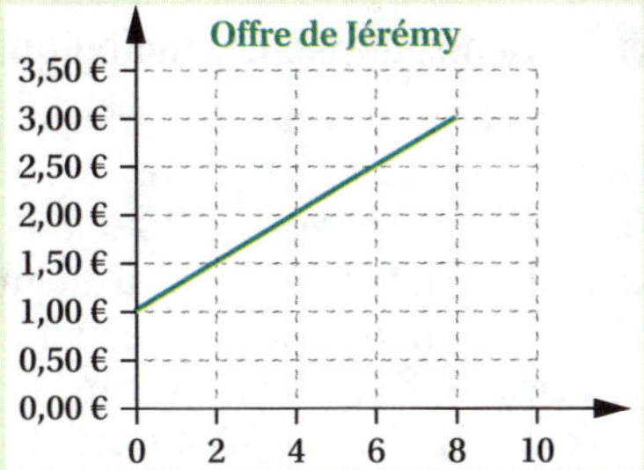

4. Voir graphique ci-contre. On observe que les courbes d'offre et de demande se croisent lorsque le prix est égal à 2 €. La quantité échangée est alors de 7 pains au chocolat.

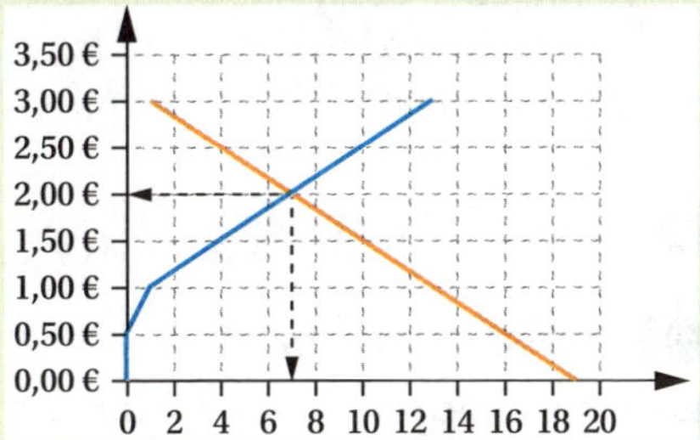

7 Réviser le cours en 8 questions flash

1. Les **marchés physiques** sont des lieux où se rendent physiquement les offreurs et demandeurs. Sur les **marchés immatériels**, les achats se font à distance, notamment *via* Internet.

2. La valorisation marchande des ressources naturelles présente **deux risques** : ceux qui ne peuvent pas payer n'auraient pas accès à des ressources vitales ; ceux qui peuvent les payer pourraient les gaspiller.

3. En général, la courbe de demande est **décroissante** en fonction du prix. Selon les néoclassiques, si l'on a déjà consommé une unité d'un bien, une seconde unité nous apportera moins de satisfaction.

4. Les **biens Veblen**, qui marquent le rang social, les **biens Akerlof**, recherchés pour leur qualité supposée, et les **biens Giffen**, de première nécessité, ont une demande qui croît avec le prix.

5. En général, l'offre **augmente** avec le prix. Selon les néoclassiques, une entreprise ne produit une unité de bien qu'à condition qu'elle lui coûte moins à produire qu'elle ne lui rapporte à la vente.

6. Une offre est rigide si elle reste identique quel que soit le prix. Cette situation se rencontre notamment sur le marché de l'art, où les œuvres sont uniques.

7. Le marché peut se représenter dans un repère, avec les prix en ordonnées et les quantités en abscisses, sur lequel on trace les courbes de demande et d'offre, respectivement décroissante et croissante en fonction du prix.

8. Deux conditions sont nécessaires pour que le marché converge vers l'équilibre : les agents doivent être rationnels et le marché doit être en situation de concurrence parfaite.

À NOTER

Les axes du graphique représentant un marché partent de 0, car ni les prix ni les quantités ne peuvent être négatifs.

8 Lire des séries chronologiques

1. Selon le document, au 3e trimestre 2015, la demande et l'offre de pétrole dans le monde s'élevaient respectivement à 94 et 96 millions de barils par jour.

2. Entre le 1er trimestre 2010 et le 3e trimestre 2015, l'offre et la demande de pétrole mondiales ont toutes deux augmenté tendanciellement.
L'offre de pétrole a augmenté de 11,6 % : [(96 – 86) / 86)] × 100 = 11, 6 %
La demande de pétrole a augmenté de 9,3 % : [(94 –86) / 86)] × 100 = 9,3 %

3. La demande mondiale de pétrole a été supérieure à l'offre entre 2010 et 2012, puis entre 2013 et 2014 approximativement.

4. Si le marché mondial du pétrole fonctionne comme les marchés en général, alors lorsque la demande était supérieure à l'offre, les prix ont dû augmenter.

OBJECTIF BAC

9 Analyse de document

■ En France, le prix moyen du paquet de la marque la plus vendue et la demande de cigarettes ont connu des évolutions opposées entre 2002 et 2015 : alors que le premier était multiplié par près de 2 (il passe de 3,6 à 7 €), la seconde est divisée par près de 1,8 (elle passe de 80,5 à 45,5 milliards).

■ De nombreux phénomènes peuvent expliquer la variation de la demande de cigarettes : un plus grand souci de la santé, l'apparition de produits de substitution (cigarettes électroniques), etc. Mais la théorie économique néoclassique fournit une explication que ce document peut rendre plausible. Elle part de l'hypothèse que le prix qu'un consommateur est prêt à payer pour un bien correspond à la satisfaction que celui-ci lui procure. Or, la satisfaction procurée par la consommation d'une unité supplémentaire d'un produit baisse lorsque le nombre d'unités consommées de ce produit augmente. Dès lors, un consommateur n'acceptera de payer davantage pour se procurer une unité supplémentaire qu'à la condition que le prix, et donc le sacrifice à faire pour se la procurer, baisse.

■ Dans cette optique, on pourrait dire que l'augmentation du prix du paquet de cigarettes implique un sacrifice croissant pour les consommateurs et les incite donc à réduire leur consommation.

Comment l'État intervient-il sur les marchés ?

Les économistes partisans de l'intervention de l'État considèrent que celui-ci régule plus efficacement l'activité économique, notamment parce que son action résulte d'un processus de décision collective, grâce au Parlement.

17 Pourquoi l'État intervient-il sur les marchés ?

En bref *Les néoclassiques considèrent que la régulation de l'économie doit être laissée aux marchés, pour obtenir l'allocation des ressources la plus efficace. Les interventionnistes, eux, insistent sur l'importance de l'État pour remplir trois fonctions économiques : allocation, distribution et stabilisation.*

I La fonction d'allocation des ressources

1 Lorsque les marchés sont défaillants

- Un marché est défaillant s'il ne permet pas d'allouer efficacement les ressources → FICHE 1. Cela se produit dans le cas d'externalités négatives ou de biens collectifs.

- En cas d'**externalités négatives**, les coûts de production et les prix des produits sont plus faibles qu'ils ne le devraient ; ils encouragent des niveaux de production et de demande qui génèrent plus de nuisances que ne le souhaite la société. L'État peut alors intervenir pour contraindre les entreprises concernées à payer des coûts de réparation, voire à renoncer à leur production.

> **MOT CLÉ**
> Les **externalités négatives** désignent les nuisances occasionnées par des entreprises (ex. : pollution), sans que celles-ci aient à payer les coûts de réparation ou de dédommagement.

- Lorsque le produit est un bien collectif (ex. : un phare), il est difficile d'en contrôler l'utilisation et de faire payer les utilisateurs ; aucune offre n'est proposée sur le marché. S'il a une utilité pour l'économie (ex. : faciliter l'accès aux ports), l'État peut intervenir en prélevant des impôts pour financer la production de ce bien.

2 Lorsque les marchés sont imparfaits

- Un marché est imparfait dès que l'une des conditions de la concurrence parfaite n'est pas respectée → FICHE 16. Cela se produit notamment en l'absence d'atomicité.

- L'atomicité désigne la situation d'un marché où le nombre d'offreurs est suffisamment grand pour qu'aucun d'entre eux ne puisse imposer son propre prix : un prix plus élevé entraînerait une perte de clientèle au profit des concurrents ; un prix plus faible ne serait pas rentable.

- En l'absence d'atomicité, le marché se réduit à un offreur (monopole), ou à un petit nombre d'offreurs (oligopole). Ce manque de concurrence peut entraîner une hausse des prix désavantageuse pour les acheteurs. Les autorités de la concurrence peuvent alors intervenir pour empêcher les abus de position dominante ou les ententes entre entreprises visant à limiter la concurrence.

II La fonction de distribution

- Le fonctionnement des marchés peut entraîner une **répartition inégalitaire des ressources** entre ceux qui ont les moyens de se les procurer et les autres.
- L'État peut alors intervenir pour **réduire ces inégalités**, par exemple en prélevant des impôts ou des cotisations sociales qu'il redistribue sous forme de prestations sociales ou de services publics → FICHE 6.

III La fonction de stabilisation

- Les décisions prises au niveau microéconomique par chaque individu peuvent parfois entraîner des **déséquilibres macroéconomiques**, c'est-à-dire au niveau de l'économie dans sa globalité → FICHE 1. L'État peut alors intervenir pour la stabiliser.
- En cas d'**inflation** (augmentation des prix → FICHE 14), lorsque la demande excède l'offre, les ménages sont incités à acheter des produits étrangers. Pour limiter les importations, l'État peut affaiblir la demande, en augmentant les prélèvements obligatoires ou en diminuant les prestations sociales, afin de réduire le **revenu disponible brut**.

> **MOT CLÉ**
> Le **revenu disponible brut** correspond au revenu du travail auquel on ajoute le revenu du patrimoine et auquel on soustrait les prélèvements obligatoires.

- En cas de **chômage**, l'État peut stimuler la demande des ménages afin d'augmenter les ventes des entreprises et leurs recrutements. Pour cela, il a la possibilité de réduire les prélèvements obligatoires, d'augmenter les prestations sociales ou ses propres investissements, ou encore d'encourager les banques à accorder davantage de prêts.

zoOm

Une sanction de l'Autorité de la concurrence

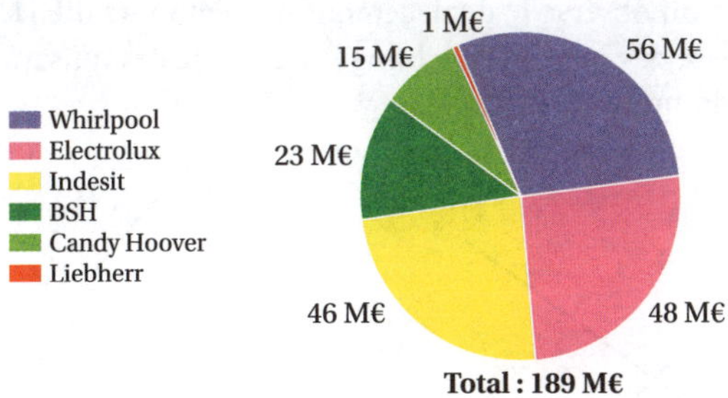

Source : Autorité de la concurrence, 2018.

- En France, l'Autorité de la concurrence contrôle le respect des règles de la concurrence. En 2018, elle a infligé une amende de 189 millions d'euros à six fabricants d'électroménager qui s'étaient concertés pour augmenter leurs prix.
- Le diagramme circulaire ci-dessus montre la répartition de cette amende entre les six fabricants sanctionnés.

18 Quels sont les effets d'une taxe ?

En bref *Une taxe peut répondre à de nombreux objectifs, dont celui d'orienter le comportement des agents économiques. Son rôle consiste alors à modifier l'offre ou la demande exprimée à un prix donné.*

I Qu'est-ce qu'une taxe ?

■ Une taxe est un **prélèvement obligatoire**. Elle est prélevée en contrepartie de la fourniture d'un service public déterminé (ex. : taxe d'enlèvement des ordures ménagères) ou pour financer les dépenses publiques indistinctement (ex. : TVA).

■ Les taxes peuvent être utilisées pour **influencer les comportements**. Par exemple, pour décourager les productions et consommations de produits émettant des gaz à effet de serre, l'État peut mettre en place une taxe carbone qui élève le prix de ces produits.

MOT CLÉ
Les **prélèvements obligatoires** comprennent l'ensemble des impôts, taxes et cotisations sociales prélevés par les administrations publiques.

II L'effet des taxes payées par les entreprises

■ La taxe est un coût pour l'entreprise. À un prix donné, elle réduit le profit des entreprises, ce qui les incite à **réduire leur offre** → FICHE 15.

■ **Graphique 1** : avant la taxe, pour un prix de vente P1, les entreprises produisent et offrent sur le marché la quantité Q1 ; après la taxe, elles n'offrent plus que Q1′. C'est la même chose pour le prix P2. Les coordonnées (Q1′, P1) et (Q2′, P2) permettent alors de tracer une **nouvelle courbe d'offre O2**.

■ **Graphique 2** : on observe le déplacement de l'équilibre d'Éq1 à Éq2 : la taxe a entraîné une **baisse des quantités échangées**, et donc des nuisances associées à la consommation du produit concerné.

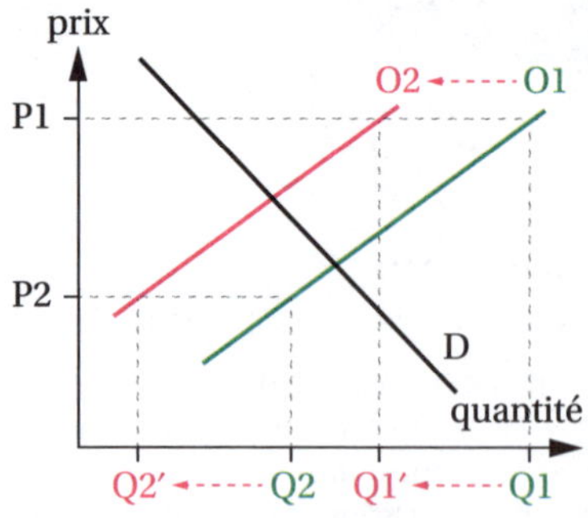

Graphique 1

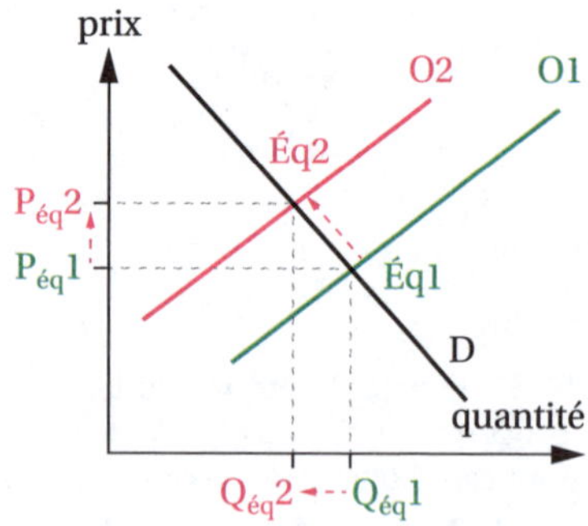

Graphique 2

III L'effet des taxes payées par les ménages

- La taxe réduit le pouvoir d'achat des consommateurs. Cela les incite, pour un prix donné, à **réduire leur demande** → FICHE 14.
- **Graphique 3** : avant la taxe, pour un prix de vente P1, les ménages demandaient la quantité Q1 ; après la mise en place de la taxe, ils ne demandent plus que Q1′. C'est la même chose au prix P2. Les coordonnées (Q1′, P1) et (Q2′, P2) permettent alors de tracer une **nouvelle courbe de demande D2**.
- **Graphique 4** : on observe le déplacement de l'équilibre d'Éq1 à Éq2 : la taxe a donc bien entraîné une **baisse des quantités échangées**, et donc des nuisances associées à la consommation du produit concerné.

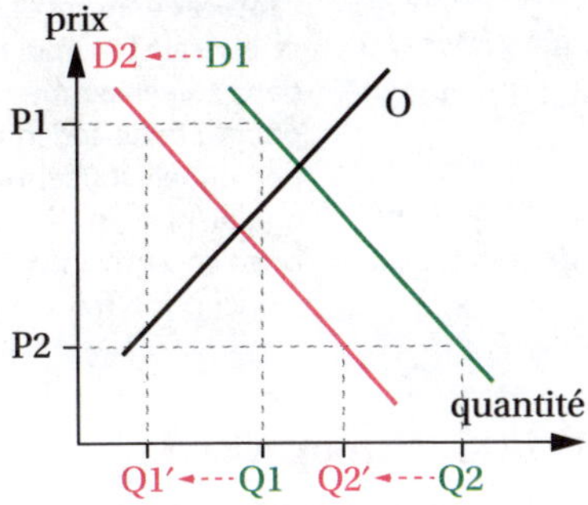

Graphique 3

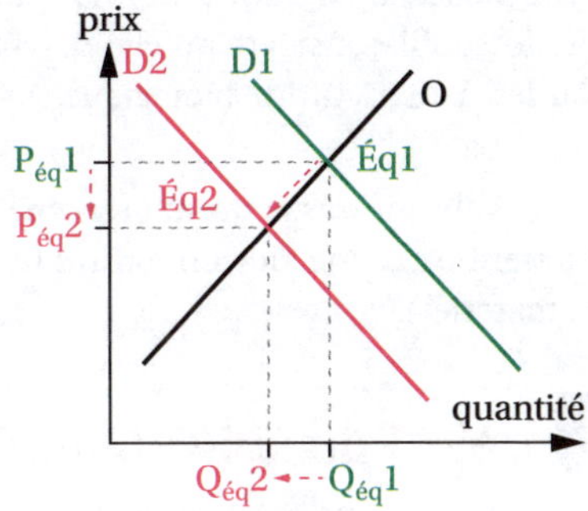

Graphique 4

zoOm

Les taxes sur les carburants

- Depuis 2016, la France augmente les taxes sur les carburants. Le gazole, qui bénéficiait d'une fiscalité plus légère, subit une hausse plus importante, afin que son prix à la pompe rattrape celui du sans-plomb. Le gazole étant plus polluant, l'objectif est d'en décourager la consommation.
- Suite au mouvement des « gilets jaunes », le gouvernement a annulé l'augmentation prévue en 2019.

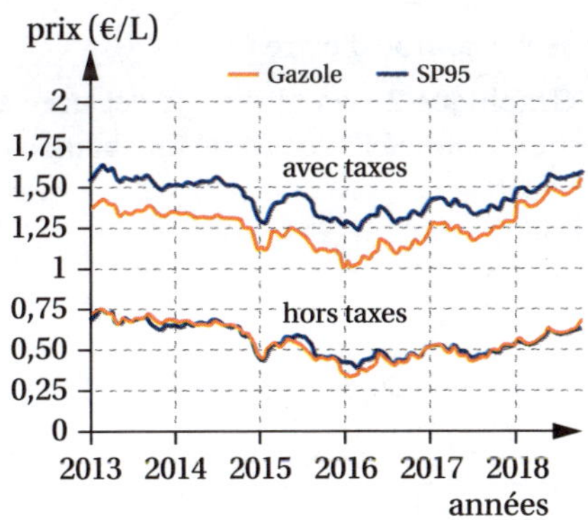

Source : ministère de l'Écologie et des Transports.

19 Quels sont les effets d'une subvention ?

En bref *Plutôt qu'une taxe, l'État peut mettre en place une subvention afin d'orienter les décisions d'offre ou de demande des agents économiques. Là encore, cela se traduit graphiquement par le déplacement de courbes sur le marché et la réalisation d'un nouvel équilibre.*

I Qu'est-ce qu'une subvention ?

- Une subvention est une **aide financière facultative** que l'État verse à un agent économique pour soutenir son activité lorsqu'il considère qu'elle œuvre à l'**intérêt général** : soutien à l'agriculture biologique, à l'artisanat, à l'innovation, etc.
- Les subventions peuvent prendre la forme d'une somme d'**argent** ou d'une aide **en nature** (ex. : prêts de locaux ou de matériel).

MOT CLÉ

L'**intérêt général** désigne ce qui sert la population dans son ensemble : la poursuite de son intérêt personnel (conception anglaise) ou la décision prise collectivement (conception française).

II L'effet du subventionnement des entreprises

- En offrant une subvention aux entreprises, l'État leur permet, pour un prix de vente donné, de réaliser un profit plus élevé, ce qui doit les inciter à **augmenter leur offre** → FICHE 15.
- **Graphique 1** : avant la subvention, pour un prix de vente P1, les entreprises offrent la quantité Q1 ; après subvention, elles offrent Q1′. C'est la même chose au prix P2. Les coordonnées (Q1′, P1) et (Q2′, P2) permettent alors de tracer une **nouvelle courbe d'offre O2**.
- **Graphique 2** : on observe le déplacement de l'équilibre d'Éq1 à Éq2 : la subvention a donc bien entraîné une **hausse des quantités échangées**.

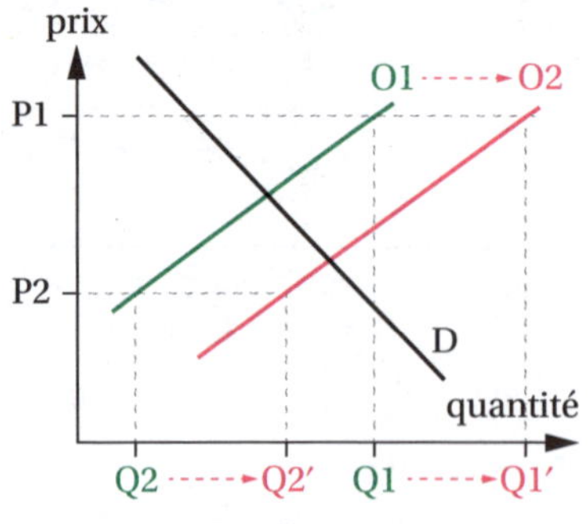

Graphique 1

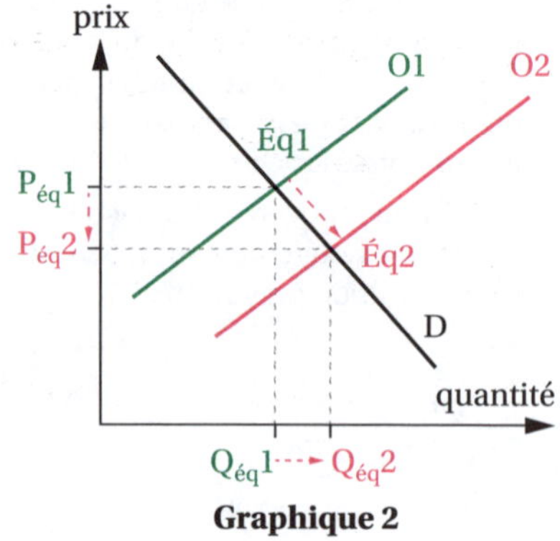

Graphique 2

II L'effet du subventionnement des ménages

■ En offrant une subvention aux ménages pour les achats conformes à l'intérêt général (ex. : isolation thermique d'un logement), l'État les incite à **augmenter leur demande**.

■ **Graphique 3** : avant la subvention, pour un prix de vente P1, les ménages étaient disposés à acheter la quantité Q1 ; après subvention, ils demandent Q1′. C'est la même chose au prix P2. Les coordonnées (Q1′, P1) et (Q2′, P2) permettent alors de tracer une **nouvelle courbe de demande D2**.

■ **Graphique 4** : on observe le déplacement de l'équilibre d'Éq1 à Éq2 : la subvention a donc bien entraîné une **hausse des quantités échangées**.

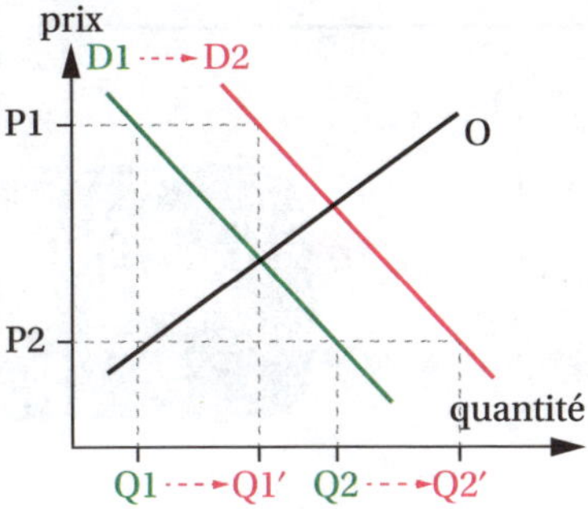

Graphique 3

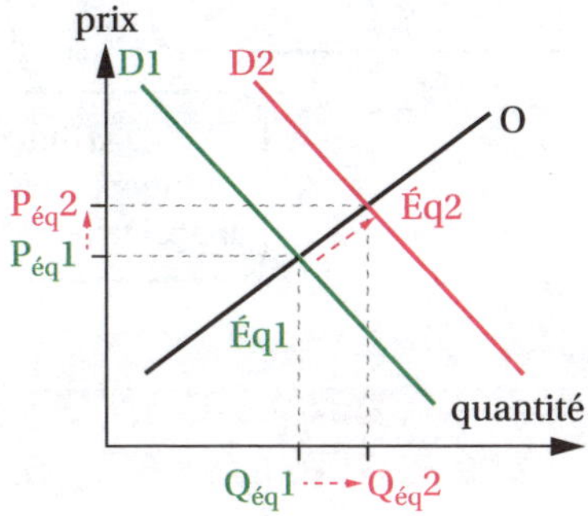

Graphique 4

zoOm

La subvention des titres de presse en France

■ Suite à la baisse des ventes, le chiffre d'affaires de la presse est passé de 10 à 7,5 milliards d'euros (2000-2018), menaçant certains titres de disparition.

■ Considérant qu'elle joue un rôle d'information important en démocratie, l'État la subventionne à hauteur de 58 millions d'euros.

MÉMO VISUEL

L'INTERVENTION SUR LES

Trois fonctions économiques

Allocation
Corriger les défaillances et les imperfections du marché

Distribution
Corriger une répartition inégalitaire des revenus

Stabilisation
Lutter contre les déséquilibres macroéconomiques

1er moyen : la taxation

Objectif
Prélèvement obligatoire pouvant servir à décourager l'offre ou la demande

Sur les entreprises
- Hausse du coût de production
- Baisse du profit
- Prix plus élevés et quantités échangées réduites à l'équilibre

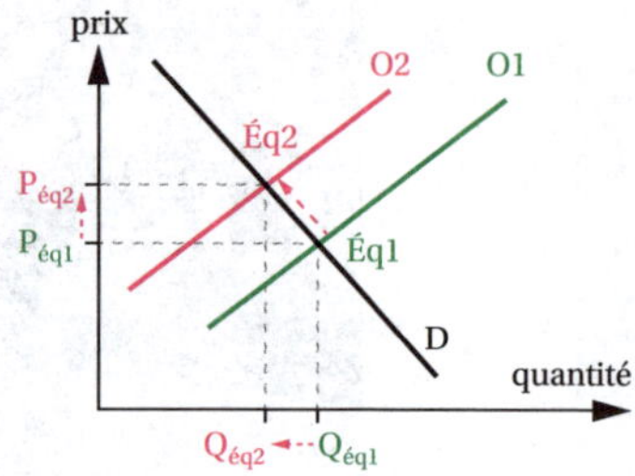

Sur les ménages
- Baisse du pouvoir d'achat
- Prix moins élevés et quantités échangées réduites à l'équilibre

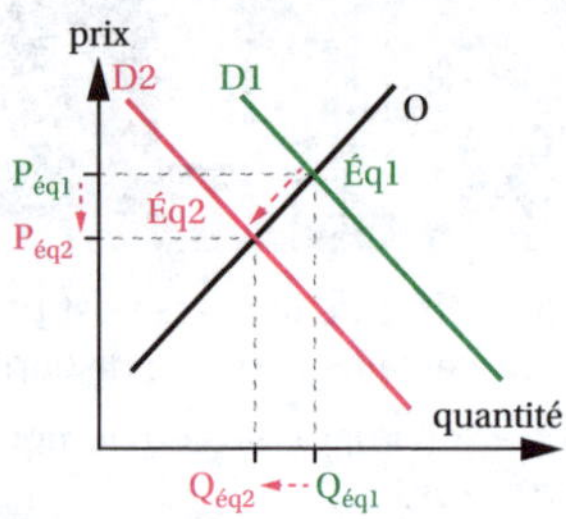

DE L'ÉTAT
MARCHÉS

2e moyen : le subventionnement

Objectif

Aide financière de l'État pour soutenir une activité d'intérêt général, pouvant servir à encourager l'offre ou la demande

Aux entreprises

- Hausse du profit
- Incitation à produire davantage
- Prix plus faibles et quantités échangées plus importantes à l'équilibre

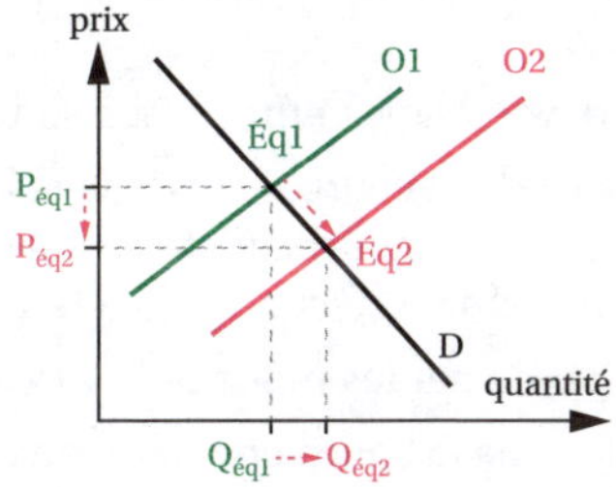

Aux ménages

- Hausse du pouvoir d'achat
- Incitation à augmenter leur consommation
- Prix plus faibles et quantités échangées plus importantes à l'équilibre

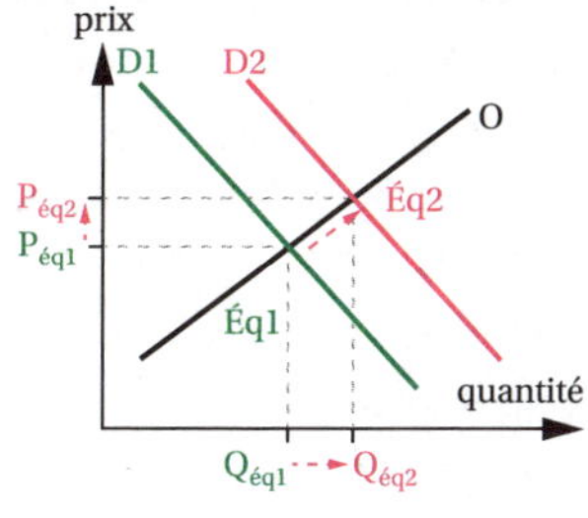

SE TESTER QUIZ

Vérifiez que vous avez bien compris les points clés des **fiches 17 à 19**.

1 L'intervention de l'État sur les marchés

→ FICHE 17

1. La fonction d'allocation consiste pour l'État à...

- ☐ **a.** corriger les défaillances et les imperfections du marché.
- ☐ **b.** réduire les inégalités de revenu.
- ☐ **c.** lutter contre l'inflation et le chômage.

2. La fonction de stabilisation consiste pour l'État à...

- ☐ **a.** corriger les défaillances et les imperfections du marché.
- ☐ **b.** réduire les inégalités de revenu.
- ☐ **c.** lutter contre l'inflation et le chômage.

3. La macroéconomie se distingue de la microéconomie, car elle étudie...

- ☐ **a.** la façon dont les décisions économiques sont prises au niveau individuel.
- ☐ **b.** la fixation du prix sur chaque marché.
- ☐ **c.** les déséquilibres au niveau de l'économie globale.

2 Les effets d'une taxe

→ FICHE 18

1. Qu'est-ce qu'une taxe ?

- ☐ **a.** un prélèvement obligatoire
- ☐ **b.** une aide financière
- ☐ **c.** une externalité

2. Lorsqu'elle est payée par les entreprises, la taxe entraîne...

- ☐ **a.** un déplacement de la courbe d'offre vers la gauche.
- ☐ **b.** un déplacement de la courbe d'offre vers la droite.
- ☐ **c.** une baisse des quantités échangées à l'équilibre.

3. Lorsqu'elle est payée par les ménages, la taxe entraîne...

- ☐ **a.** un déplacement de la courbe de demande vers la gauche.
- ☐ **b.** un déplacement de la courbe de demande vers la droite.
- ☐ **c.** une hausse des quantités échangées à l'équilibre.

3 Les effets d'une subvention

→ FICHE 19

1. Lorsqu'elle est versée aux entreprises, la subvention entraîne...

- ☐ **a.** un déplacement de la courbe d'offre vers la gauche.
- ☐ **b.** un déplacement de la courbe d'offre vers la droite.
- ☐ **c.** une baisse des quantités échangées à l'équilibre.

2. Lorsqu'elle est versée aux ménages, la subvention entraîne...

- ☐ **a.** un déplacement de la courbe de demande vers la gauche.
- ☐ **b.** un déplacement de la courbe de demande vers la droite.
- ☐ **c.** une hausse des quantités échangées à l'équilibre.

S'ENTRAÎNER

4 Réviser le cours en 6 questions flash

→ FICHES 17 à 19

1. Quelles fonctions économiques l'État peut-il remplir ?
2. Qu'est-ce qui caractérise un bien collectif ?
3. Comment évolue l'équilibre du marché lorsque l'État impose une taxe aux entreprises ?
4. Comment évolue l'équilibre du marché lorsque l'État impose une taxe aux ménages ?
5. Comment évolue l'équilibre du marché lorsque l'État subventionne les entreprises ?
6. Comment évolue l'équilibre du marché lorsque l'État subventionne les ménages ?

5 Se repérer sur un graphique

→ FICHE 18

Soit les situations suivantes sur un marché d'ampoules électriques :

Prix des ampoules	D1	O1	D2	O2	D3	O3
0,20 €	19	0	21	0	15	0
0,40 €	17	0	18	2	12	0
0,90 €	14	3	15	3	9	0
1 €	12	6	12	6	6	2
1,30 €	9	9	9	9	2	5
2 €	6	12	6	12	0	8
3 €	1	15	3	15	0	11

D = demande globale. O = offre globale.

1. Représentez graphiquement les courbes D1 et O1.
2. L'État met en place une taxe aux ménages, à l'achat d'une ampoule électrique.

a. Sachant que, suite à cela, l'une des courbes (D1 ou O1) ne bougera pas, sélectionnez les deux colonnes du tableau qui pourraient correspondent à la nouvelle situation.

b. Représentez graphiquement la nouvelle situation. Qu'observez-vous ?

CONSEIL

Avant de construire votre repère graphique, identifiez les variables qui doivent donner leurs noms aux axes des abscisses et des ordonnées, ainsi que leurs valeurs extrêmes.

6 Calculer un indice

→ FICHE 18

Un ménage souhaite calculer l'évolution de sa dépense de carburant. Il dispose de deux voitures, l'une roulant au gazole, l'autre au SP 95, et des données prévisionnelles précisées dans le tableau ci-dessous.

	2017	2022	
		Scénario 1	Scénario 2
Prix du litre de gazole *dont TICPE*[1]	1,23 *0,54*	1,67 *0,78*	1,67 *0,78*
Litres de gazole consommés dans l'année	600	600	500
Prix du litre de SP 95 *dont TICPE*	1,38 *0,66*	1,64 *0,76*	1,64 *0,76*
Litres de SP 95 consommés dans l'année	400	400	500
Dépense en carburant			

1. TICPE : taxe intérieure de consommation sur les produits énergétiques.

Source : France-inflation.com.

1. a. Calculez l'indice d'évolution de la TICPE sur le gazole en 2022 (base 100 = 2017) et faites une phrase pour le présenter.

b. Calculez l'indice d'évolution de la TICPE sur le SP 95 et faites une phrase pour le présenter.

c. Comparez les évolutions des deux indices calculés.

2. a. Complétez la dernière ligne du tableau.

b. Quel serait l'indice d'évolution de la dépense de carburant de ce ménage (base 100 = 2017) si sa consommation restait identique entre 2017 et 2022 ? Commentez.

Savoir-faire

Calculer et lire un indice

- Un indice permet de **mesurer l'évolution d'une variable** dans le temps.
- Son calcul est le suivant : pour l'année considérée (base 100 = année N),

$$\text{indice} = \frac{\text{valeur de la grandeur l'année considérée} \times 100}{\text{valeur de la grandeur l'année de base (année N)}}$$

- L'indice n'a **pas d'unité** et se lit de la façon suivante : la grandeur a augmenté/baissé de « indice – 100 » % entre l'année de base et l'année N.

OBJECTIF BAC

7 L'effet d'une subvention • Analyse de document

40 min

Ce sujet vous donne l'occasion d'observer les effets d'une subvention sur l'activité économique, au niveau micro et macroéconomique.

LE SUJET

Quel effet peut avoir une subvention sur l'activité économique ?

Document **Dépenses générées dans une collectivité qui subventionne une production audiovisuelle**

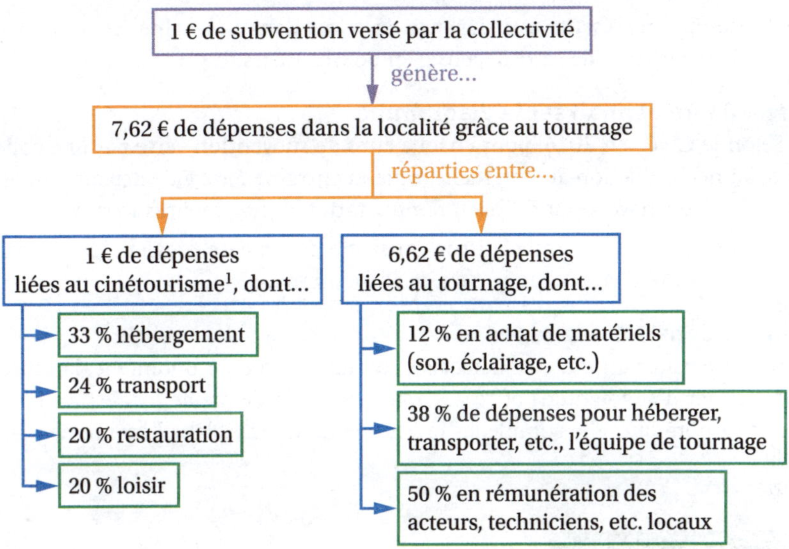

1. Cinétourisme : tourisme motivé par le cinéma (ex. : visite de studios ou décors).

Source : Centre national du cinéma et de l'image animée (CNC), 2016.

Méthode

Lire un diagramme de répartition

Étape 1 Identifier le document

- Repérez le titre, les données et leurs unités, les notes de lecture et la source. Un diagramme de répartition est généralement en barres ou circulaire.
- Distinguez l'ensemble et ses composants ; leurs unités peuvent être différentes.

Étape 2 Lire et analyser le diagramme

- Faites une phrase avec l'une des données du diagramme.
- Repérez les valeurs extrêmes : la plus élevée et la plus faible.

Étape 3 Construire la réponse → MÉTHODE p. 184

▶▶▶ LA FEUILLE DE ROUTE

Étape 1 Identifier le document

- Le document, issu du CNC, concerne les effets d'une subvention versée par une collectivité à une production audiovisuelle. De façon originale, ce document présente la répartition sous forme d'arborescence.
- L'ensemble représente une dépense en euros dans la localité, et ses composantes la répartition de cette dépense, en pourcentages.

Étape 2 Lire et analyser le diagramme

- Selon le CNC, en 2016, pour chaque euro de subvention versé par une collectivité à une production audiovisuelle, celle-ci entraîne 6,62 € de dépenses dans la localité de tournage, dont 50 % en rémunération d'intervenants locaux.
- L'essentiel des dépenses réalisées dans une collectivité provient du tournage lui-même (6,62 € pour chaque euro de subvention).

Étape 3 Construire la réponse

La réponse peut s'articuler en deux axes : au niveau microéconomique, la subvention permet d'augmenter l'offre audiovisuelle et la demande locale ; au niveau macroéconomique, elle stimule les revenus et la dépense dans l'économie.

CORRIGÉS

SE TESTER QUIZ

1 L'intervention de l'État sur les marchés

1. Réponses a. La fonction d'allocation consiste pour l'État à corriger les défaillances et les imperfections du marché.

2. Réponse c. La fonction de stabilisation consiste pour l'État à réduire les déséquilibres macroéconomiques, comme l'inflation et le chômage.

3. Réponse c. La macroéconomie étudie les déséquilibres de l'économie globale.

2 Les effets d'une taxe

1. Réponse a. Une taxe est un prélèvement obligatoire.

2. Réponses a et c. Payée par les entreprises, la taxe déplace la courbe d'offre vers la gauche et réduit les quantités échangées à l'équilibre.

3. Réponse a. Payée par les ménages, la taxe entraîne un déplacement de la courbe de demande vers la gauche et une baisse des quantités échangées.

3 Les effets d'une subvention

1. Réponse b. Versée aux entreprises, la subvention entraîne un déplacement de la courbe d'offre vers la droite et une hausse des quantités échangées.

2. Réponses b et c. Versée aux ménages, la subvention déplace la courbe de demande vers la droite et augmente les quantités échangées à l'équilibre.

S'ENTRAÎNER

4 Réviser le cours en 6 questions flash

1. L'État peut remplir trois fonctions dans l'économie : une fonction d'**allocation** des ressources, une fonction de **distribution** et une fonction de **stabilisation**.

2. Un bien collectif est un bien dont il est difficile de contrôler la consommation et de faire payer les utilisateurs.

3. Lorsque l'État impose une taxe aux entreprises, le **prix d'équilibre augmente** tandis que les **quantités échangées à l'équilibre baissent**.

4. Lorsque l'État impose une taxe aux ménages, le **prix** et les **quantités échangées à l'équilibre baissent**.

5. Lorsque l'État subventionne les entreprises, le **prix d'équilibre baisse** et les **quantités échangées à l'équilibre augmentent**.

6. Lorsque l'État subventionne les ménages, le **prix** et les **quantités échangées à l'équilibre augmentent**.

5 Se repérer sur un graphique

1. Voir la représentation graphique ci-contre.

2. a. La taxe réduit le pouvoir d'achat du consommateur, il réduira sa demande. Les colonnes correspondant à cette situation sont **O1** (qui ne bouge pas) et **D3**.

b. Voir graphique. On observe qu'au nouvel équilibre, **les quantités échangées sont plus faibles**. Cela est conforme à l'objectif d'une telle taxe qui vise à réduire les quantités échangées d'un produit afin d'en réduire les nuisances.

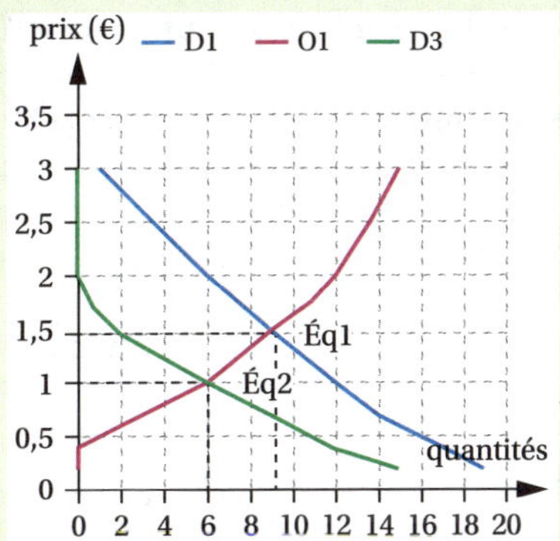

6 Calculer un indice

1. a. Indice d'évolution de la TICPE sur le gazole en 2022 (base 100 = 2017) :

$$= \frac{\text{TICPE gazole 2022}}{\text{TICPE gazole 2017}} \times 100 = \frac{0{,}78}{0{,}54} \times 100 \approx \mathbf{144{,}4}$$

La TICPE sur le gazole devrait augmenter de **44,4 %** entre 2017 et 2022.

b. Indice d'évolution de la TICPE sur le SP 95 en 2022 (base 100 = 2017) :

$$= \frac{\text{TICPE SP 95 2022}}{\text{TICPE SP 95 2017}} = \times 100 = \frac{0{,}76}{0{,}66} \times 100 \approx \mathbf{115{,}2}$$

La TICPE sur le SP 95 devrait augmenter de **15,2 %** entre 2017 et 2022.

c. La TICPE sur le gazole devrait augmenter de **29,2 points de plus** que la TICPE sur le SP 95, entre 2017 et 2022.

2. a. Pour compléter le tableau, il faut effectuer les calculs suivants :

- Dépense en carburant en 2017 = dépense en gazole + dépense en SP 95
= (prix du gazole × litres consommés) + (prix du SP 95 × litres consommés)
= (1,23 × 600) + (1,38 × 400) = 738 + 552 = **1 290 €**
- Dépense en carburant en 2022 (scénario 1) = 1 000,2 + 656 = **1 656,20 €**
- Dépense en carburant en 2022 (scénario 1) = 835 + 820 = **1 655 €**

b. Indice d'évolution de la dépense de carburant de ce ménage (base 100 = 2017) si sa consommation restait identique entre 2017 et 2022 :

$$= \frac{\text{dépense en carburant en 2022 (scénario 1)}}{\text{dépense en carburant en 2017}} \times 100 = \frac{1\,656{,}2}{1\,290} \times 100 \approx \mathbf{128{,}39}$$

Si ce ménage choisit le scénario 1, l'augmentation des prix du gazole et du SP 95 entraînera une **hausse de 28,39 %** de leur dépense de carburant.

OBJECTIF BAC

7 Analyse de document

L'État peut verser une subvention, qui est une **aide financière**, pour soutenir une activité d'intérêt général, par exemple une production audiovisuelle.

- Au **niveau microéconomique**, en augmentant le profit des producteurs, la subvention permet la réalisation du tournage. Sur le marché de la production audiovisuelle, l'équilibre devrait donc se fixer à un prix plus faible et pour une quantité plus élevée.
- Au **niveau macroéconomique**, le tournage occasionne des dépenses qui stimulent l'activité, lors du tournage et suite à la diffusion du film. Selon le document, lorsqu'une collectivité dépense 1 € de subvention pour un tournage, celui-ci occasionne 7,62 € de dépenses chez elle : 6,62 € pour le tournage lui-même, dont 50 % pour rémunérer des travailleurs locaux ; et 1 € de retombée liée au cinétourisme, dont 33 % pour l'hébergement.

Quels sont les processus et les instances de socialisation ?

Se considérer comme un étudiant est le résultat d'un processus de socialisation. Le week-end d'intégration est l'occasion de tisser des liens avec les autres et de renforcer la cohésion à travers des jeux.

20 Qu'est-ce que la socialisation ?

En bref *La socialisation permet à l'individu d'intégrer les valeurs et les normes de son groupe social. Elle lui permet de tenir les rôles sociaux qui correspondent à ses différents statuts sociaux.*

I Socialisation et comportements

1 Le processus de socialisation

> **MOT CLÉ**
> Un **groupe social** est un ensemble d'individus aux caractéristiques communes (style de vie, niveau de vie…) et qui ont le sentiment d'appartenir à ce groupe.

- La socialisation correspond à l'intégration, par l'individu, des valeurs et normes propres à son **groupe social**. C'est un processus qui se déroule tout au long de la vie. On parle de socialisation primaire jusqu'à l'adolescence et secondaire à l'âge adulte → FICHE 26.
- L'individu participe lui-même activement à sa socialisation, mais il est aussi socialisé par les autres. Par exemple, un enfant qui pratique le football apprend volontairement à s'intégrer à une équipe et, en même temps, il est initié par les autres joueurs à l'esprit d'équipe.

2 La détermination de comportements

- Les individus ne sont pas parfaitement libres de leurs comportements. Leurs choix découlent en majorité de l'apprentissage social qu'ils ont reçu.
- Ainsi, le sociologue Baptiste Coulmont montre que le choix du prénom dépend largement d'une socialisation. Par exemple, le développement des séries télévisées américaines a provoqué la multiplication des prénoms américains.

II L'intégration de valeurs et de normes

1 Les valeurs

- Une valeur est un idéal propre à un groupe social auquel l'individu adhère. Le respect, par exemple, est la valeur la plus partagée par les jeunes aujourd'hui.
- Les valeurs sont abstraites, elles ne disent rien sur la manière concrète de les appliquer. Pour cette raison, les valeurs sont associées à des normes.

2 Les normes

- Les normes sont les applications concrètes des valeurs. Elles peuvent être formelles, donc écrites, ou informelles. Ainsi, la valeur de respect s'applique grâce à des normes formelles (ex. : loi interdisant de fumer dans un lieu public) et à des normes informelles (ex. : dire bonjour, tenir la porte).

■ Pour une même valeur, il y a plusieurs normes. Et une norme peut aussi être liée à plusieurs valeurs. Par exemple, l'interdiction de tricher est une norme que l'on peut associer à la valeur d'honnêteté et aussi à la valeur de civisme.

II L'acquisition de statuts et de rôles

1 Les statuts

■ Pour l'individu, un statut social correspond à une **place dans la hiérarchie sociale**. Il y a ainsi différents types de statuts, par exemple les statuts d'ami, de bon élève et de citoyen.

■ L'ensemble des statuts sociaux d'une personne constitue son **identité sociale**. De cette identité découlent des rôles sociaux que l'individu doit tenir.

2 Les rôles

■ Le rôle social est le **comportement socialement acceptable** attendu par la société. Il est associé à un statut social. Par exemple, le statut social d'ami implique de tenir un rôle social particulier, comme agir de manière solidaire ou avoir une attitude honnête.

■ C'est **par la socialisation** que les individus acquièrent les normes et les valeurs nécessaires pour accomplir les rôles sociaux et donc justifier leurs statuts sociaux.

zoOm

Le choix des prénoms, un choix social

Prénoms surreprésentés en Terminale…	
… dans les filières à dominante littéraire, économique ou scientifique	… dans les filières à dominante technologique (gestion, commerce, social)
Marie-Charlotte	Prescilla
Pierre-Louis	Alison
Violette	Teddy
Sixtine	Sandy
Marin	Brandon

Source : Coulmont.com, données 2012

■ Un prénom est surreprésenté lorsqu'il est plus fréquent dans un groupe que dans l'ensemble des groupes considérés.

■ Dans les filières technologiques, les prénoms américains sont surreprésentés : Teddy, Brandon, Alison, Sandy… Or, ce sont aussi les filières dans lesquelles les classes populaires sont les plus présentes.

21 Quels sont les différents modes de socialisation ?

En bref *La socialisation s'effectue par trois grands mécanismes que sont l'inculcation, l'imprégnation et l'interaction. Elle est classiquement verticale et descendante, mais de nouvelles formes émergent : la socialisation inversée et la socialisation horizontale.*

I Inculcation, imprégnation et interaction

1 La socialisation par inculcation

- La socialisation par inculcation est la **transmission volontaire et méthodique** de valeurs et de normes, selon le sociologue Émile Durkheim (1858-1917), fondateur du **holisme** méthodologique. Elle a surtout lieu pendant l'enfance et l'adolescence, et nécessite une série de sanctions et de récompenses explicites.

> **MOT CLÉ**
> Le **holisme** considère que le comportement de l'individu dépend du contexte social dans lequel il évolue et non pas de choix personnels et libres.

- Par exemple, lorsqu'un professeur félicite devant la classe un enfant qui a fait ses devoirs, il transmet aux élèves une valeur (le travail) et une norme associée (faire ses devoirs) → FICHE 22.

2 La socialisation par imprégnation

- La socialisation par imprégnation est la transmission par **familiarisation et répétition** des valeurs et normes. Elle est plus inconsciente que l'inculcation. Par exemple, les enfants qui visitent régulièrement des musées avec leurs parents développent un sentiment de familiarité, de proximité avec l'art ; plus grands, ils fréquentent seuls les musées, comme par habitude.
- Le mécanisme d'imprégnation crée un **conditionnement**, des **réflexes sociaux** qui rendent l'individu capable de vivre en société. Ainsi, l'élève s'assoit en classe sur une chaise face au tableau sans même y réfléchir, ce qui lui permet de ne pas être sanctionné tout en facilitant le fonctionnement de l'école.

3 La socialisation par interaction

- La socialisation par interaction s'effectue par le **contact avec autrui**, qui permet à l'individu de s'identifier et donc de se construire des modèles de comportement.
- Par exemple, une petite fille de six ans s'identifie aisément à sa grande sœur de quinze ans, par le contact ou le jeu ; grâce à leurs échanges, la grande sœur peut se préparer à son futur rôle de mère, tandis que la petite sœur intègre les normes de comportement d'une adolescente.

II Socialisation inversée et socialisation horizontale

La socialisation est d'ordinaire verticale et descendante : la transmission se fait des aînés vers les plus jeunes. Cependant, de nouvelles formes de socialisation bousculent aujourd'hui ces processus.

1 La socialisation inversée

- La socialisation inversée apparaît lorsque ce sont les **jeunes qui transmettent aux adultes** des valeurs et des normes. Ainsi, les plus jeunes ayant une meilleure maîtrise des nouvelles technologies, ce sont eux qui aident les adultes dans ce domaine.
- La socialisation inversée s'appuie sur le **mécanisme d'interaction** entre les générations. En effet, le rapport entre adultes et enfants n'est plus hiérarchique, contrairement au rapport établi à l'école par exemple, par l'inculcation.

2 La socialisation horizontale

- La socialisation horizontale est un processus qui se tient non plus entre les générations (entre adultes et enfants), mais **au sein d'une même génération**.
- Par exemple, les adolescents entrent en contact sur les réseaux sociaux pour partager leurs expériences, conseils et ainsi se socialiser entre eux.

zoOm

Socialisation et pratiques de lecture

- En 2000, sur 100 personnes de 15 ans ou plus dont les deux parents étaient lecteurs, 81 lisaient lorsqu'ils avaient entre 8 et 12 ans.
- La transmission de la lecture peut se faire soit par **inculcation** (les parents imposent la lecture), soit par **imprégnation** (les enfants lisent régulièrement en famille), soit par **interaction** (les enfants imitent les parents qui lisent).

22 Quels rôles jouent la famille et l'école ?

En bref *Le processus de socialisation est pris en charge par plusieurs instances de socialisation, parmi lesquelles la famille et l'école jouent un rôle central pour les plus jeunes.*

I La famille

1 Une instance centrale de socialisation

■ La famille est une **instance de socialisation** centrale. La majorité des enfants reçoivent leurs premiers apprentissages sociaux au sein de leur famille, avec leurs parents, frères et sœurs. C'est avec eux qu'ils sont d'abord socialisés.

MOT CLÉ
Une **instance de socialisation** est un lieu réel (ex. : famille) ou fictif (ex. : série télévisée) de transmission de valeurs et de normes.

■ La famille transmet les normes fondamentales qui permettent à l'individu de trouver sa place dans la société et vont marquer le reste de sa trajectoire sociale. C'est dans cette instance que les normes de langage sont d'abord transmises, ainsi que les normes de politesse, d'hygiène ou de morale (ex. : honnêteté, tolérance).

■ Le sociologue Pierre Bourdieu (1930-2002) a établi l'existence d'un lien fort entre la réussite scolaire et le milieu familial de l'élève. En effet, les familles de milieux favorisés transmettent des normes et valeurs proches de celles de l'école, ce qui augmente les chances de réussite scolaire de leurs enfants → FICHE 24.

2 Une socialisation par inculcation et imprégnation

■ La famille est le lieu idéal pour la socialisation par inculcation. Les parents ayant une autorité sur les enfants, ils peuvent leur inculquer des normes de manière volontaire et méthodique : « Ne mets pas tes coudes sur la table ! »

INFO + **Les différents types de famille**

Sur 13,7 millions de familles :
- 71 % sont « traditionnelles » (enfants et leurs deux parents) ;
- 18 % sont monoparentales (un seul parent) ;
- 11 % sont recomposées : enfants avec un seul parent et un(e) beau-père/belle-mère ; ou enfants avec leurs deux parents et des enfants issus d'une autre union.

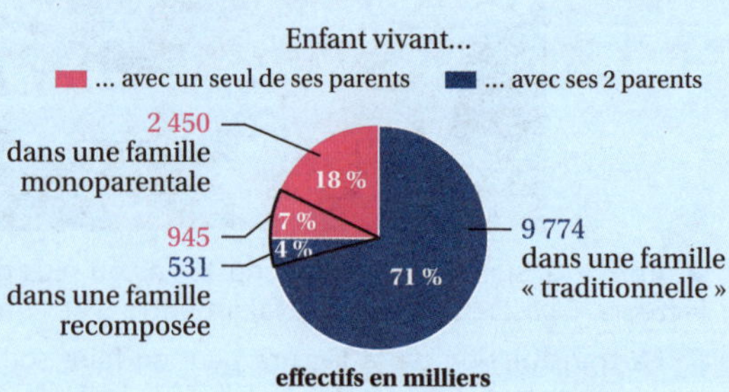

Source : Insee, 2011.

■ La socialisation par imprégnation fonctionne aussi, d'autant plus que le lien affectif incite les enfants, surtout petits, à imiter leurs parents qu'ils aiment et admirent. Par exemple, un enfant qui joue avec sa poupée reproduit le comportement parental et se prépare à devenir lui-même parent.

II L'école

1 Un lieu de socialisation pour tous

■ L'école est obligatoire jusqu'à l'âge de 16 ans en France, ce qui en fait une instance de socialisation essentielle.

■ Elle contribue à former des citoyens aux connaissances identiques (les programmes scolaires sont les mêmes pour tous), en particulier en histoire (ex. : Révolution française) et aux valeurs communes (ex. : égalité, fraternité) ; et elle facilite l'accès à l'emploi.

2 Une instance qui complète ou contredit la famille

■ L'école et la famille peuvent se compléter, puisqu'elles transmettent sur une très longue période les normes liées au langage, à la politesse, etc. L'école a recours, comme la famille, à l'inculcation fondée sur l'autorité des professeurs.

■ Ces instances peuvent aussi être en concurrence si elles ne valorisent pas les mêmes valeurs. L'enfant se construit alors une identité sociale en choisissant parmi ces valeurs.

zoOm

Famille et réussite scolaire

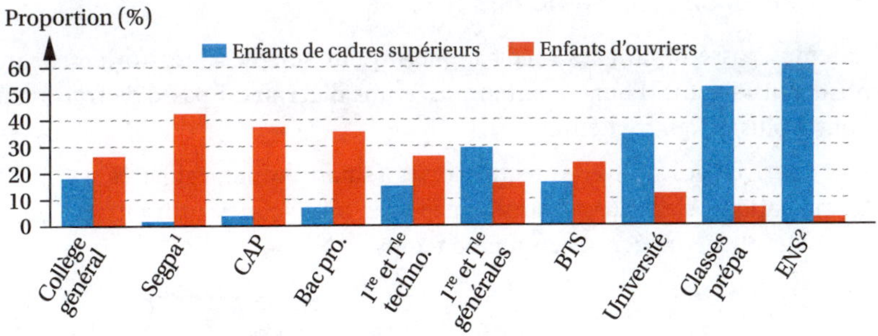

1. Sections d'enseignement général et professionnel adapté.
2. Écoles normales supérieures.

Source : Insee, enquête FQP 2014-15.

La socialisation familiale a un effet sur la réussite scolaire. Les enfants d'ouvriers représentent environ 25 % des élèves de collège, mais seulement 11 % des élèves à l'université et 35 % en bac professionnel.

23 Quels rôles jouent les médias et les groupes de pairs ?

En bref *À l'adolescence, en particulier, les médias et le groupe des pairs prennent tant de place et de temps qu'ils deviennent les principales instances de socialisation.*

I Les médias

1 Le déroulement de la socialisation par les médias

- Dès le plus jeune âge, les enfants se socialisent à travers les **médias**. Ainsi, les petits s'identifient aux héros de dessins animés qui incarnent les valeurs de courage et de solidarité. Cette identification les incite à porter des vêtements à l'effigie de leur héros, conformément au mécanisme d'imprégnation.

MOT CLÉ
Les **médias** regroupent tous les moyens de diffusion de l'information : la télévision, Internet, le cinéma, la presse, etc.

- Les adolescents sont particulièrement réceptifs aux modes de vie proposés dans les séries. Ils peuvent par exemple se projeter dans une vie universitaire, ou à l'étranger. Certaines séries télévisées, qui ne sont regardées que par eux, leur apportent des connaissances communes qui les distinguent des autres groupes sociaux. Elles leur fournissent des sujets de discussion qui renforcent les interactions et le sentiment d'appartenir au groupe social spécifique des jeunes.
- Internet, en particulier, peut être un lieu d'interaction, donc d'échanges et de rencontres, par le biais des forums et des réseaux sociaux.

2 L'importance croissante des médias

- Le temps passé devant les médias, quels qu'ils soient, a très fortement augmenté depuis dix ans. Pour un enfant, le temps d'écran est passé de trois heures par jour à plus de quatre heures.
- Avec l'arrivée des nouvelles technologies (smartphones, tablettes, etc.), l'activité médiatique s'est aussi transformée : les plus jeunes utilisent en général aujourd'hui plusieurs écrans en même temps.

INFO + **Les chiffres clés (2018)**

Dans le monde, il y a :
- près de 4 milliards d'internautes
- 3 milliards d'inscrits sur un réseau social
- 2 milliards d'inscrits totalisés par Facebook

II Les groupes de pairs

1 Une forte présence chez les jeunes

- Le groupe de pairs est constitué des amis, connaissances, camarades de classe et, plus largement, des contacts sur les réseaux sociaux.
- Cette instance est sans cesse présente pour les jeunes.

2 Des mécanismes de socialisation spécifiques

- Le groupe des pairs est un lieu privilégié pour expérimenter ; tout d'abord, parce que les contacts sur les réseaux sociaux peuvent être anonymes ; ensuite, parce que l'ensemble du groupe a tendance à tester les normes et représente souvent un lieu de **déviance**.

> **MOT CLÉ**
> La **déviance** désigne le non-respect des normes. Lorsque les normes sont juridiques (lois), on parle de « délinquance ».

- Le groupe des pairs met à l'épreuve les normes des autres instances, et produit de nouvelles normes par une socialisation horizontale. Les sociologues ont ainsi prouvé qu'un groupe pouvait pousser ses membres à consommer de l'alcool.
- Le groupe des pairs remet particulièrement en cause les normes familiales. Cela permet au jeune de ne pas être dans une pure reproduction du modèle familial et de se forger une personnalité.

zoOm

Combien de temps passons-nous devant un écran ?

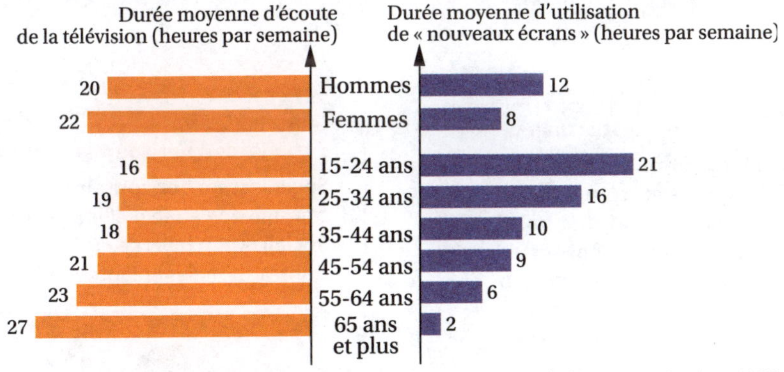

Source : ministère de la Culture et de la Communication, 2009.

- En 2009, en France, ce sont les moins de 25 ans qui passaient le plus de temps devant un écran (37 heures par semaine). De façon générale, plus la personne est jeune, plus elle utilise les « nouveaux écrans » (ici ordinateur, console de jeux…), et moins elle regarde la télévision.
- Les médias sont-ils en passe de devenir la première instance de socialisation ?

MÉMO VISUEL

Définition

Intégration de valeurs et de normes
- **Valeur :** idéal abstrait auquel les individus adhèrent
- **Norme :** application concrète d'une valeur

Intégration de statuts et de rôles sociaux
- **Statut :** place dans la hiérarchie sociale
- **Rôle :** comportement attendu, associé au statut

LA

Mécanismes

Trois processus majeurs
- **Inculcation :** transmission explicite et volontaire
- **Imprégnation :** transmission par familiarisation, répétition
- **Interaction :** transmission par contacts, échanges

Socialisation horizontale et inversée
- **Socialisation horizontale :** transmission au sein d'une génération
- **Socialisation inversée :** transmission des enfants vers les adultes

Instances

Famille
- **Caractéristiques** :
  - centrale dans l'enfance
  - transmet des valeurs et normes fondamentales
  - conditionne la réussite scolaire (Bourdieu)
- **Processus** :
  inculcation et imprégnation

École
- **Caractéristiques** :
  - concerne le plus grand nombre
  - transmet des normes et valeurs communes à tous
- **Processus** :
  inculcation

SOCIALISATION

Médias
- **Caractéristiques** :
  - de plus en plus importants
  - principalement chez les adolescents
- **Processus** :
  interaction et socialisation horizontale

Groupe de pairs
- **Caractéristiques** :
  - central pour les adolescents et les jeunes
  - remet en cause la socialisation familiale
  - permet aux jeunes de vivre une période de déviance
- **Processus** :
  interaction et socialisation horizontale

SE TESTER QUIZ

Vérifiez que vous avez bien compris les points clés des **fiches 20 à 23**.

1 La socialisation

→ FICHE 20

1. Qu'est-ce qu'une valeur ?

☐ **a.** une place dans la hiérarchie sociale
☐ **b.** un idéal abstrait auquel l'individu adhère
☐ **c.** un comportement attendu

2. Un rôle social est un comportement…

☐ **a.** attendu par la société. ☐ **b.** qui confirme un statut.

2 Les différents modes de socialisation

→ FICHE 21

1. L'inculcation désigne un mécanisme de socialisation…

☐ **a.** par répétition.
☐ **b.** par familiarisation.
☐ **c.** par transmission volontaire.

2. La socialisation inversée est une transmission de valeurs et normes…

☐ **a.** des parents aux enfants.
☐ **b.** des enfants aux parents.
☐ **c.** entre amis.

3 Le rôle de la famille et de l'école

→ FICHE 22

1. La famille est une instance de socialisation qui a recours…

☐ **a.** à l'affection. ☐ **b.** à l'inculcation. ☐ **c.** à l'imprégnation.

2. L'école est une instance de socialisation qui permet…

☐ **a.** de ne pas s'adresser à l'ensemble des jeunes.
☐ **b.** de produire des normes plutôt homogènes.
☐ **c.** d'intégrer l'individu dans la société grâce au diplôme.

4 Le rôle des médias et des groupes de pairs

→ FICHE 23

1. Le temps passé par les jeunes devant des écrans se caractérise par…

☐ **a.** une augmentation depuis dix ans.
☐ **b.** une importance accrue des nouveaux écrans.
☐ **c.** un faible nombre d'heures.

2. La socialisation par le groupe des pairs se caractérise par…

☐ **a.** une concurrence avec la socialisation familiale.
☐ **b.** une transmission de valeurs et normes entre amis proches.
☐ **c.** la production de ses propres normes.

S'ENTRAÎNER

5 Comprendre le vocabulaire du cours

→ FICHES 20 à 23

1. Complétez le texte avec les mots suivants :

groupe des pairs • normes • inculcation • statuts sociaux • imprégnation • socialisation • école • valeurs • interaction • famille • médias

a. La .... est un processus d'intégration des .... et des ...., formelles et informelles, propres à un groupe social. Chacun apprend à tenir les rôles sociaux attendus par rapport à ses ....

b. Cette intégration de normes et de valeurs peut se faire volontairement et méthodiquement, on parle alors d'une .... Si elles sont intégrées par répétition ou familiarisation, il s'agit d'une socialisation par .... Si l'intégration s'opère par contacts avec d'autres, il s'agit d'une socialisation par ....

c. On distingue quatre instances de socialisation : la .... qui a recours à l'inculcation ; tout comme l'......................, en raison de l'autorité des professeurs ; les .... qui proposent des modèles de vie ou de héros à imiter ; et enfin, le .... dont la capacité à contester les normes et à en produire de nouvelles en fait une instance cruciale.

2. Parmi les mots et expressions suivants, distinguez les valeurs et les normes, puis déterminez la norme qui correspond à chaque valeur :

respect • voter • ne pas tricher • honnêteté • dire bonjour • tolérance • citoyenneté • ne pas être raciste

Valeur	Norme associée
....	....
....	....
....	....
....	....

3. Parmi les mots et expressions suivants, distinguez les statuts sociaux et les rôles sociaux, puis déterminez le rôle qui correspond à chaque statut :

père • obéissance • autorité • éduquer • professeur • élève • enfant • faire ses devoirs

Statut social	Rôle social
....	....
....	....
....	....
....	....

6 Se repérer sur un graphique

→ FICHE 22

Document **Fréquentation du théâtre en France au cours des 12 derniers mois**

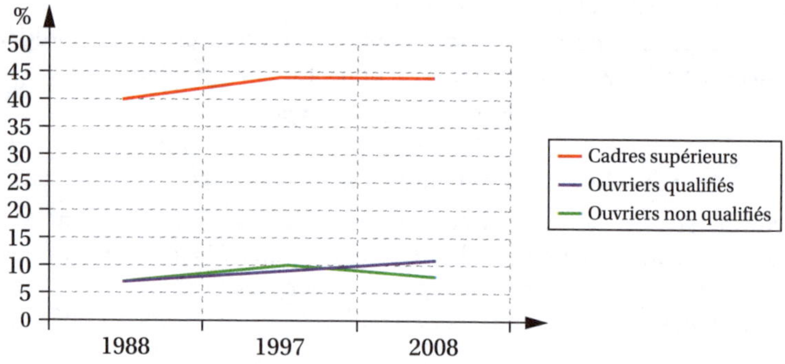

Source : ministère de la Culture et de la Communication, 1973-2008.

1. Lisez la donnée de 2008 pour les cadres supérieurs.

2. Comparez l'évolution de la fréquentation du théâtre entre les cadres supérieurs et les ouvriers.

7 Réviser le cours en 8 questions flash

→ FICHES 20 à 23

1. En quoi la socialisation détermine-t-elle le comportement des individus ? Répondez à l'aide d'un exemple.

2. Quels liens existent entre les valeurs, les normes, les statuts sociaux et les rôles sociaux ?

3. Quels sont les trois mécanismes de socialisation ?

4. Quelles nouvelles formes bousculent aujourd'hui les processus de socialisation ?

5. Pourquoi la famille est-elle une instance centrale de la socialisation ?

6. Pourquoi l'école est-elle considérée comme une instance de socialisation pour tous ?

7. Comment les médias sont-ils associés à de nouvelles formes de socialisation ?

8. Pourquoi le groupe des pairs entre-t-il parfois en concurrence avec la famille dans le processus de socialisation ?

8 Représenter graphiquement des données

→ FICHES 22 et 23

Document 1 **L'audience des réseaux sociaux en France**

Médiamétrie publie tous les mois des estimations d'usage des sites Internet et des applications mobiles. Quand on extrait uniquement les réseaux sociaux et les messageries, voici le classement global obtenu :

	Nombre d'utilisateurs par mois (en millions)	Nombre d'utilisateurs par jour (en millions)
1. Facebook	40,8	24,7
2. YouTube	37,3	11,7
3. Twitter	20,6	4,1
4. Instagram	19,3	4,8
5. LinkedIn	16,0	2,1

D'après Blogdumediateur.com (données septembre 2017).

1. a. À partir des données du texte, construisez un diagramme en barres représentant le nombre d'utilisateurs par mois en fonction des différents réseaux sociaux.

b. Construisez un autre diagramme, représentant toujours les utilisateurs par mois en fonction des réseaux sociaux, mais ne comportant cette fois qu'une seule barre.

Document 2 Évolution du nombre de bacheliers en France (en %)

Années	Taux de réussite au bac
1967	61,7 %
1968	81,3 %
1979	63,9 %
2000	78,6 %
2018	88,3 %

2. Représentez les données du document 2 sous la forme d'une courbe dans un repère, avec en abscisse les années.

Savoir-faire

Représenter graphiquement des données

- Un **diagramme en bâtons** se construit à partir de tout type de données. Les unités sont toujours indiquées. Pour le construire, il faut d'abord repérer la plus petite et la plus grande donnée pour déterminer la taille de l'unité de l'axe des abscisses et des ordonnées. Il est possible d'organiser les données par ordre de taille, par dates, etc.
- Lorsqu'on a des données sur l'évolution d'une variable dans le temps, il est possible de les représenter graphiquement sous forme de **série chronologique**. En abscisse, on indique le temps (mois, années, etc.) et en ordonnée la valeur de la donnée. En reliant les points, on obtient une courbe, qui a généralement l'allure d'une ligne brisée.

OBJECTIF BAC

9 La socialisation et ses effets • Raisonnement

1 h 20

Cet exercice vous permet d'exploiter un texte pour illustrer vos connaissances de cours et construire un raisonnement.

LE SUJET

Comment les instances de socialisation fonctionnent-elles ?

Document **L'individu est un produit de la socialisation**

Il ne convient pas de supposer que les dégoûts sont naturels et nous sont donnés par notre constitution. Ils proviennent de notre éducation et du fait que nous avons intériorisé ce qui nous semble appréciable et ce qui nous semble dégoûtant. Les pratiques culinaires nous donnent de multiples exemples de ce type : si nous refusons de manger des insectes ou des limaces, ce n'est nullement une donnée naturelle, puisque les Français sont presque universellement regardés avec dégoût en tant que « mangeurs de grenouilles et d'escargots ». L'individu est donc un produit de la société, c'est-à-dire qu'il est largement façonné par la socialisation effectuée par le ou les groupes auxquels il appartient, mais aussi par les institutions telles que l'État et l'École. L'intériorisation des normes et des règles, ce que l'on appelle « socialisation », est donc la source de la cohésion sociale[1]. Mais les règles que l'on intègre ne sont pas seulement des règles générales, valables pour tous, des règles relatives au Code pénal qui interdisent le vol et l'homicide, par exemple, mais également des règles de politesse qui garantissent que l'homme peut entrer en contact avec les autres.

T. Rogel, *Introduction impertinente à la sociologie*, éditions Liris, 1999.

1. Cohésion sociale : capacité à vivre tous ensemble.

Méthode

Comprendre et analyser un texte

Étape 1 Identifier le texte

- Lisez attentivement le titre, il donne la thématique du texte. Identifiez ainsi quelle partie du cours est illustrée.
- Repérez la source et posez-vous les questions suivantes : l'auteur et/ou l'institution sont-ils connus de vous ? S'agit-il d'un témoignage ? d'un article d'actualité ? d'un extrait de livre théorique ?

Étape 2 Décrypter le texte

- Lisez rapidement le texte une première fois pour connaître le sujet qu'il traite précisément et identifier les termes qui peuvent vous poser problème.
- Relisez-le attentivement en surlignant les éléments importants grâce à un jeu de couleurs (ex. : concepts en rouge, exemples en vert, etc.).

Étape 3 Hiérarchiser les informations

- Pour rendre le document exploitable et nourrir votre analyse, hiérarchisez les informations : distinguez explications et descriptions, théorie et faits, etc.
- Vous pouvez enfin construire un tableau de synthèse ou un schéma résumant le document.

▶▶▶ LA FEUILLE DE ROUTE

Étape 1 Identifier le texte

- Le texte s'intitule « L'individu est un produit de la socialisation ». La thématique abordée est donc la socialisation. Le terme « produit » nous oriente plus précisément vers la question de la détermination de nos comportements par la socialisation.
- La source, qui figure sous le texte, nous apprend que celui-ci est extrait d'un ouvrage intitulé *Introduction impertinente à la sociologie*, écrit par T. Rogel et paru en 1999. Il ne s'agit donc ni d'un article, ni d'un témoignage, mais d'un extrait d'un essai sociologique. Des concepts seront certainement expliqués. Une note précise le sens de la notion de « cohésion sociale ».

Étape 2 Décrypter le texte

- Une première lecture du texte nous permet de comprendre qu'il traite des effets de la socialisation sur l'individu et sur ses comportements.
- Lors d'une seconde lecture, on peut surligner les éléments suivants : les instances de socialisation, les effets de la socialisation, plusieurs types de règles (juridiques et sociales) et enfin quelques exemples.

Étape 3 Hiérarchiser les informations

Nous pouvons distinguer trois catégories d'informations :

- Les concepts : socialisation, groupes et institutions de socialisation, cohésion sociale, normes et règles.
- Les liens de causalité : les goûts des individus dépendent de l'éducation reçue, la socialisation dépend du groupe d'appartenance et des institutions, la socialisation, en particulier l'intégration des règles, permet la cohésion sociale.
- Les exemples : pratiques culinaires des Français (goût pour les cuisses de grenouille, dégoût pour les insectes) → CORRIGÉ p. 120.

CORRIGÉS

SE TESTER QUIZ

1 La socialisation

1. Réponse b. Une valeur est un idéal abstrait auquel l'individu adhère.

2. Réponses a et b. Un rôle social est un comportement attendu par la société, qui confirme un **statut social**.

À NOTER
Le **statut social** (ex. : ami) définit les rôles sociaux qui constituent la maîtrise de certaines valeurs (solidarité) et normes (apporter une aide).

2 Les différents modes de socialisation

1. Réponse c. L'inculcation désigne un mécanisme de socialisation par transmission volontaire.

2. Réponse b. La socialisation inversée désigne une transmission de valeurs et normes des enfants aux parents.

3 Le rôle de la famille et de l'école

1. Réponses a, b et c. La famille est une instance de socialisation qui a recours à l'affection, ainsi qu'aux mécanismes d'inculcation et d'imprégnation.

2. Réponses b et c. L'école est une instance de socialisation qui permet de produire des normes plutôt homogènes et d'intégrer l'individu dans la société grâce au diplôme.

4 Le rôle des médias et des groupes de pairs

1. Réponses a et b. Le temps passé par les jeunes devant les écrans se caractérise par une augmentation depuis dix ans, et par une importance accrue des nouveaux écrans.

2. Réponses a et c. La socialisation par le groupe de pairs se caractérise par une concurrence avec la socialisation familiale (possible divergence de valeurs) et la production de ses propres normes. Elle ne passe pas uniquement par les amis proches, mais également par de simples connaissances, y compris sur les réseaux sociaux.

S'ENTRAÎNER

5 Comprendre le vocabulaire du cours

1. Les mots manquants apparaissent dans l'ordre suivant :

a. socialisation • valeurs • normes • statuts sociaux
b. inculcation • imprégnation • interaction
c. famille • école • médias • groupe des pairs

2.

Valeur	Norme associée
respect	dire bonjour
citoyenneté	voter
honnêteté	ne pas tricher
tolérance	ne pas être raciste

3.

Statut social	Rôle social
père	autorité
enfant	obéissance
professeur	éduquer
élève	faire ses devoirs

6 Se repérer sur un graphique

1. En 2008, d'après le ministère de la Culture, 44 % des cadres supérieurs sont allés au théâtre au cours des 12 derniers mois.

2. Quelle que soit l'année, les cadres fréquentent toujours plus le théâtre que les ouvriers. Entre 1988 et 2008, la fréquentation augmente pour les cadres, passant de 40 % à 44 %, et pour les ouvriers qualifiés, passant de 7 % à 11 %. Cependant, elle diminue pour les ouvriers non qualifiés à partir de 1997, retombant au niveau de 1988, soit 7 %.

CONSEIL
Allez toujours du général au particulier et citez systématiquement des données chiffrées.

7 Réviser le cours en 8 questions flash

1. La socialisation est un processus parfois inconscient qui détermine nos comportements. Ainsi, le choix du prénom est influencé par le milieu social.

2. Les valeurs sont des idéaux abstraits dont les normes sont les traductions concrètes. Les rôles sociaux désignent des comportements socialement attendus, fondés sur la maîtrise des normes et valeurs, et ils découlent des statuts sociaux.

3. Il y a trois mécanismes de socialisation : inculcation, imprégnation, interaction.

4. La socialisation traditionnelle est bousculée par l'émergence d'une socialisation inversée (enfants qui socialisent les parents), et d'une socialisation horizontale (jeunes qui se socialisent entre eux).

5. La famille est une instance centrale de socialisation, parce que quasiment tous les enfants grandissent dans une famille et y reçoivent les valeurs et normes fondamentales qui marqueront durablement leur vie sociale.

6. L'école est une instance de socialisation qui nous concerne tous, parce qu'elle est obligatoire pour tous jusqu'à 16 ans. Les connaissances et les valeurs transmises aux élèves sont les mêmes en raison de l'existence d'un programme national.

7. Les médias récents, liés aux nouvelles technologies, nécessitent des compétences que les enfants transmettent aux parents (socialisation inversée). Réseaux sociaux et forums favorisent les échanges entre jeunes (socialisation horizontale).

8. Le groupe des pairs est un **lieu d'expérimentation** entre individus qui se ressemblent. Il produit de **nouvelles normes** pouvant bousculer les normes familiales acquises dans l'enfance.

8 Représenter graphiquement des données

1. a. Audiences par mois, en millions d'utilisateurs, selon les réseaux sociaux.

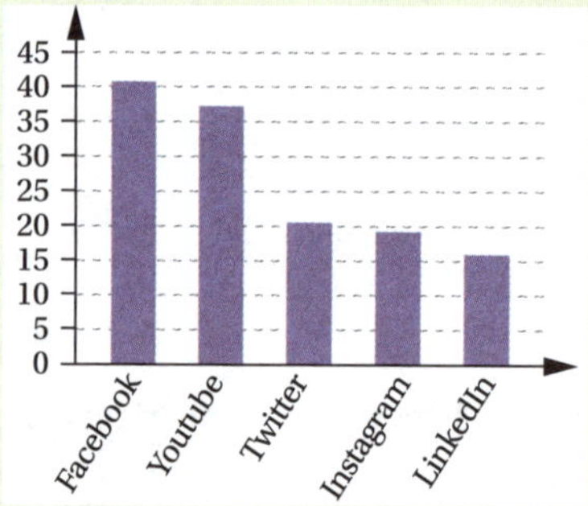

b. Audiences par mois, en millions d'utilisateurs, selon les réseaux sociaux.

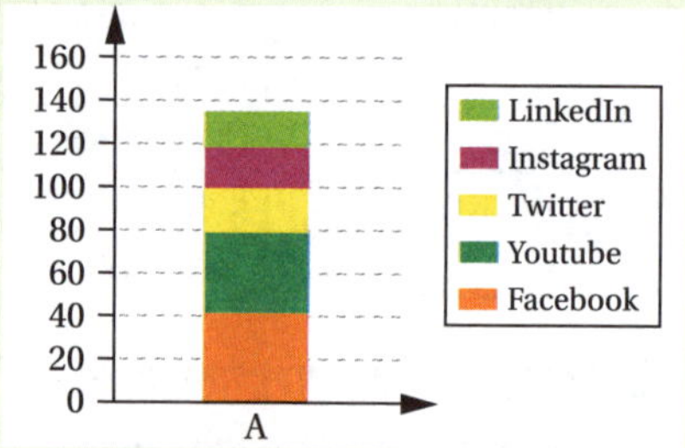

CONSEIL
Pour les graphiques de la question 1, vous devez, par convention, représenter les données par ordre de grandeur.

2. Taux de réussite au bac selon les années.

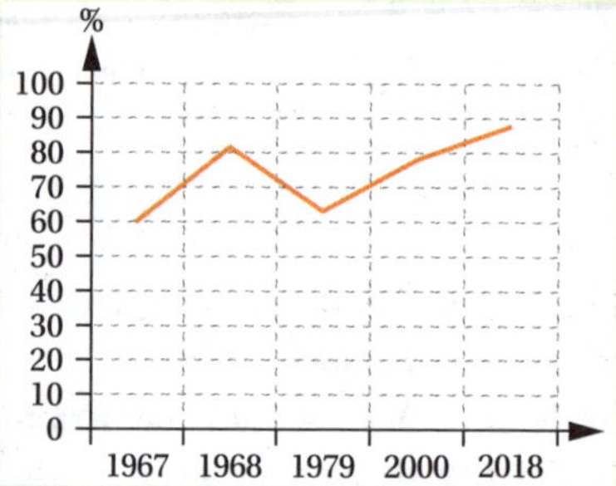

OBJECTIF BAC

9 Raisonnement

- La socialisation permet à l'individu d'intégrer des normes et valeurs, transmises par des **instances de socialisation** (groupes de pairs, école, famille). Pour cela, elles ont recours à l'**inculcation**, l'**imprégnation** et l'**interaction**.
- Les **valeurs** et les **normes** sont intégrées au point que nos choix sont largement déterminés par la socialisation. Dans le document, l'exemple des pratiques culinaires des Français illustre cette idée : les Français sont des « mangeurs de grenouilles et d'escargots », mais pas d'« insectes », car ils ont été éduqués ainsi.
- L'effet de cette socialisation est de donner une place à chacun – un **statut social** –, et la capacité de tenir les **rôles sociaux** associés, pour permettre une « cohésion sociale ». En outre, la maîtrise des **normes** juridiques (« Code pénal ») ou sociales (« politesse ») permet aux individus d'interagir et de participer à l'activité sociale.

En quoi la socialisation est-elle différenciée et inachevée ?

Dans *La vie est un long fleuve tranquille* (É. Chatiliez, 1988), la famille Le Quesnoy, bourgeoise et catholique pratiquante, est bousculée par l'arrivée d'un adolescent élevé dans une famille populaire. La confrontation des valeurs met en relief une socialisation différente selon le milieu social.

24 En quoi la socialisation diffère-t-elle selon le milieu social ?

En bref *La socialisation n'est pas un processus homogène dans la société : elle n'est pas identique pour tous. Elle est surtout différenciée selon le milieu social d'origine. De surcroît, cette différenciation se voit prolongée et confirmée par l'école, ainsi que par les pratiques culturelles et sociales.*

I L'effet de la famille et du lieu de vie

1 L'effet de la famille

■ Les familles, qui disposent de ressources économiques et culturelles différentes, socialisent de manière différenciée. Ainsi, on n'intègre pas les mêmes normes selon que l'on est élevé dans une famille d'ouvriers ou dans une famille de cadres supérieurs.

■ On constate, par exemple, qu'il y a trois fois plus d'enfants en surpoids dans les familles populaires que dans les familles bourgeoises. Les normes alimentaires sont en effet différentes dans ces deux milieux : dans les milieux populaires, elles conduisent à une alimentation plus calorique.

■ Des différences s'opèrent dans le processus de socialisation par interaction. Ainsi, les enfants de familles aisées côtoient davantage de personnes diplômées du supérieur (ex. : médecins, magistrats) que les enfants de familles modestes. La socialisation par imprégnation est aussi différenciée : elle mène les enfants de milieux bourgeois à une **socialisation anticipatrice** tournée vers des statuts socialement valorisés (ex. : cadre, avocat).

MOT CLÉ

La **socialisation anticipatrice** désigne l'intégration par un individu des valeurs et normes d'un groupe social auquel il aimerait appartenir.

2 L'effet du lieu de vie

■ Le lieu d'habitation est crucial dans la socialisation, car il détermine les groupes de pairs que les enfants fréquentent, à l'école et dans leur quartier. Il s'ajoute ainsi à la famille dans la mise en place d'une socialisation homogène par famille.

■ Les familles aux revenus modestes sont limitées dans le choix de leur logement et se retrouvent dans des quartiers défavorisés qui cumulent les difficultés sociales et économiques (peu de diplômés, chômage).

■ À l'inverse, les familles aisées choisissent des quartiers favorisés, et entretiennent ainsi un entre-soi bourgeois. Le choix du lieu de vacances, également déterminé par les ressources des familles, renforce ce phénomène (ex. : stations de ski fréquentées par des familles aux revenus élevés).

II L'effet de l'école, des pratiques culturelles et sociales

1 L'effet de l'école

- D'après Pierre Bourdieu, la réussite scolaire des enfants de milieux favorisés est beaucoup plus forte que celle des enfants de milieux populaires. En effet, les premiers ont reçu des normes et valeurs proches de celles de l'école (manière de parler, références culturelles) et tendent à intégrer des écoles prestigieuses. À l'inverse, les seconds ont acquis des valeurs et normes plus éloignées et se dirigent plus souvent vers des filières moins reconnues.
- Cela a pour conséquence une socialisation des élites entre elles, dans les filières sélectives. Elles y intègrent des valeurs communes, liées par exemple à la volonté et à la réussite personnelle.

2 L'effet des pratiques culturelles et sociales

- Les activités culturelles et sportives sont différenciées en fonction du milieu. Dans les classes populaires, le temps de télévision est plus élevé ; certains sports, comme le football, sont préférés. Dans les milieux bourgeois, les pratiques culturelles sont plus encadrées (professeur à domicile, conservatoire, école) et tournées vers des activités valorisées (ex. : musique classique).
- Les activités sociales sont aussi différenciées. Ainsi, les « rallyes » (fêtes dansantes) de la grande bourgeoisie favorisent les rencontres amoureuses, amicales et professionnelles au sein de ce milieu.

zoOm

Pratiques culturelles et milieu social

Les cadres pratiquent plus d'activités culturelles que les autres catégories sociales. En 2008, 68 % d'entre eux sont allés au musée contre seulement 26 % des employés et 16 % des ouvriers. À l'opéra, moins d'un spectateur sur dix est ouvrier.

25 En quoi la socialisation diffère-t-elle selon le genre ?

En bref *Avec le milieu, le genre est un facteur important de différenciation sociale. Au-delà des distinctions biologiques selon le sexe, des différences de comportements, de normes, voire de goûts se forgent avec la socialisation : dans la famille, par les médias, à l'école et au travail.*

I L'effet de la famille et des médias

1 Normes féminines et masculines

- La socialisation dépend du **genre**, car on considère dans nos sociétés que filles et garçons n'ont pas les mêmes envies, besoins et capacités selon les domaines.
- Des normes et valeurs sont considérées féminines ou masculines. Par exemple, le calme, la douceur sont perçues comme des normes féminines, tandis que l'esprit de compétition, le goût de la bagarre sont des normes jugées masculines.

MOT CLÉ
Le **genre** désigne les différences construites socialement entre le masculin et le féminin lors du processus de socialisation.

2 L'effet de la famille

- Au sein de la famille, les pratiques sociales diffèrent selon le sexe des enfants : les petites filles sont aisément habillées en rose ; plus grandes, on attend d'elles une plus grande implication dans les tâches ménagères.
- Les jouets choisis par la famille sont différenciés. Les filles reçoivent plus classiquement des poupées ou cuisinières, les garçons des jeux de construction. Or, ces jouets leur servent à se préparer à leurs futurs rôles sociaux.
- Les sports sélectionnés renforcent le clivage : on oriente plutôt les garçons vers le football, la boxe, et les filles vers la danse, l'équitation, la gymnastique.

3 L'effet des médias

- Les dessins animés, qui accompagnent l'enfant dès le plus jeune âge, véhiculent souvent des images stéréotypées des hommes et des femmes. Ainsi Blanche-Neige se cache parce qu'elle est trop belle, elle passe le temps en faisant le ménage et finalement s'endort ensorcelée pour avoir naïvement « croqué la pomme »... Seul un prince charmant courageux pourra la sortir de son sortilège.
- À l'adolescence et à l'âge adulte, ce phénomène perdure avec les séries télévisées et les magazines féminins qui renvoient l'image de femmes minces, jolies, douces, maternelles, etc.

II L'effet de l'école et du travail

1 L'effet de l'école

- Le **groupe des pairs** répète et confirme la différenciation construite dans la famille. Dès l'école primaire, les filles jouent plutôt sur les bords de la cour de récréation à des jeux calmes. Quant aux garçons, ils occupent le milieu de la cour pour pratiquer des jeux compétitifs, comme le football.
- Bien que les résultats scolaires des filles soient généralement meilleurs que ceux des garçons, les filles choisissent des **filières moins valorisées**. Pour une même moyenne, elles se dirigent plus souvent vers les langues ou la littérature, et les garçons vers les filières scientifiques ou techniques.
- Les enseignants peuvent participer à cette **socialisation genrée** en considérant, par exemple, que les normes des filières littéraires (sensibilité, goût pour l'art…) sont avant tout féminines, et les normes des filières scientifiques plus masculines.

2 L'effet du travail

- Lors des **études supérieures** menant à l'emploi, la différence entre les genres s'accentue. Les filles ne se dirigent que rarement vers les filières valorisées, comme les classes préparatoires et les grandes écoles.
- Des **métiers** sont largement féminisés, comme ceux qui concernent la santé, l'éducation ou le soin aux personnes âgées ; alors que les métiers du bâtiment ou de l'ingénierie sont occupés essentiellement par les hommes.

zoom

Part des hommes et des femmes dans quelques métiers

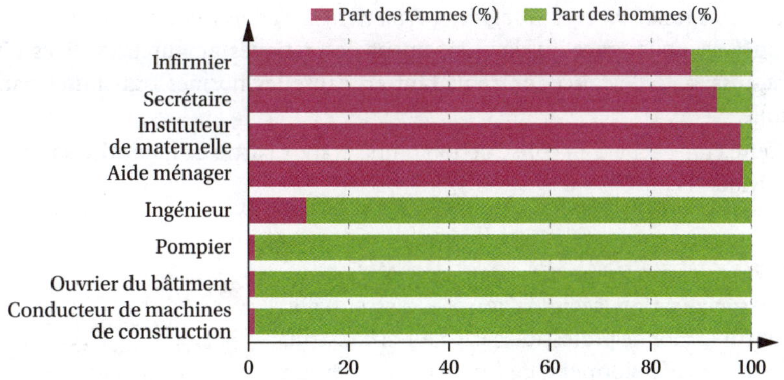

D'après Jobat.be, données 2010.

En 2010, 99 % des aides ménagers étaient des femmes alors que 99 % des ouvriers du bâtiment étaient des hommes. La part des hommes et des femmes dans les différents métiers reflète bien une socialisation genrée.

26 Comment la socialisation se poursuit-elle au cours de la vie ?

En bref *La socialisation commence dès l'enfance, au sein des instances de socialisation que sont la famille et l'école. Elle se prolonge ensuite durant l'adolescence, avec les groupes de pairs et les médias. Elle continue enfin à l'âge adulte, en particulier dans le monde professionnel.*

I La socialisation primaire

1 L'enfance

- La **socialisation primaire** se déroule pendant l'enfance. Les instances de socialisation centrales sont alors la famille et l'école. L'enfant est particulièrement malléable et intègre les normes et les valeurs sur un mode affectif. L'école comme la famille ont recours à l'inculcation, mais aussi l'imprégnation → FICHE 21.

> **MOT CLÉ**
> La **socialisation primaire** est l'intégration des normes, valeurs et rôles sociaux pendant l'enfance et l'adolescence, essentiellement par la famille, l'école, les groupes de pairs et les médias.

- Les valeurs et les normes intégrées à cette période apparaissent comme des fondements de la vie sociale. Sont appris, par exemple, le langage, la politesse, l'hygiène et la différence entre les genres → FICHE 22.

2 L'adolescence

- À l'adolescence, les instances de socialisation qui prennent le relais sont les groupes de pairs et les médias. Le mode de socialisation sera alors davantage fondé sur l'interaction → FICHE 21.
- Les normes et valeurs intégrées permettent à l'adolescent de construire son identité sexuelle grâce au développement de pratiques amoureuses. Elles l'initient aussi à la déviance, en remettant en cause les normes transmises par sa famille.
- Cette étape achève la construction d'une grande partie de l'identité sociale de l'individu.

II La socialisation secondaire

- La **socialisation secondaire** repose essentiellement sur le monde professionnel. Celui-ci construit l'identité professionnelle de l'individu : il devient avocat, professeur ou infirmière, ce qui modifie son comportement social conformément à ces métiers. Il intègre de nouvelles valeurs, comme le travail en équipe, la hiérarchie, etc. C'est aussi un lieu de rencontres, aussi bien du conjoint que des collègues qui forment un nouveau groupe de pairs.

> **MOT CLÉ**
> La **socialisation secondaire** est l'intégration de valeurs, de normes et de rôles sociaux durant l'âge adulte, essentiellement par le milieu professionnel.

■ L'adulte devient aussi un **citoyen** et, en tant que tel, il doit respecter et véhiculer les normes qui y sont associées, comme le respect de la nature ou la nécessité de participer à l'activité politique en votant.

■ S'il devient **parent** ou prend en charge ses propres parents vieillissants, l'adulte adopte une nouvelle position dans la famille qui implique, par exemple, de devenir à son tour responsable et solidaire.

III Rupture ou continuité ?

■ D'après **Pierre Bourdieu** (1930-2002), la socialisation primaire marque durablement l'identité sociale, et cela même si la socialisation secondaire est complètement différente. Un enfant socialisé dans un milieu ouvrier qui, une fois adulte, est socialisé dans un milieu bourgeois, gardera en partie les valeurs et normes intégrées dans son enfance. Cela peut créer des conflits internes (culpabilité) et externes (avec les autres).

■ Pour **Bernard Lahire** (né en 1963), les individus sont capables de distinguer clairement l'identité liée à la socialisation primaire et celle liée à la socialisation secondaire lorsqu'elles sont en contradiction. Ainsi, le fils d'ouvrier devenu cadre pourra aisément adapter son comportement en fonction du milieu social.

zoOm

Pratiques culturelles : de l'enfance à l'âge adulte

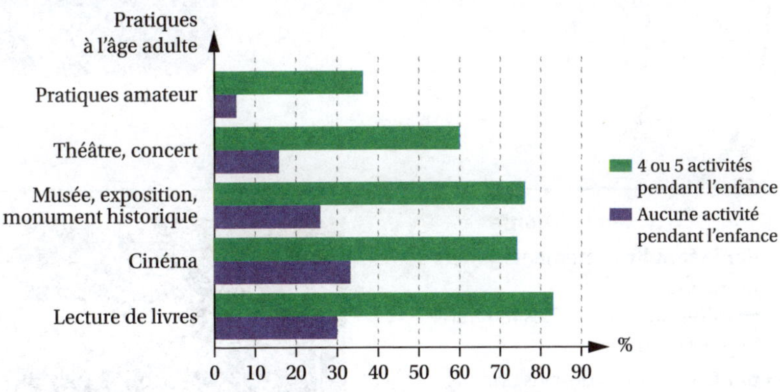

Source : Insee, enquêtes « Transmissions familiales », 2000.

■ En France, selon l'Insee, en 2000, 30 % des personnes qui ne pratiquaient aucune activité culturelle dans l'enfance lisent à l'âge adulte, alors que celles qui pratiquaient quatre ou cinq activités sont plus de 80 % à lire à l'âge adulte.

■ Devenus adultes, les enfants qui avaient quatre ou cinq activités ont toujours plus de pratiques culturelles (théâtre, musée, concert, etc.) que ceux qui n'en avaient aucune.

… différencié

… selon le milieu social

- par la famille
- par le lieu d'habitation
- par l'école
- par les pratiques culturelles

Le golf, un sport majoritairement pratiqué par les catégories supérieures

LA SOCIALISATION,

… selon le genre

- **par la famille :** vêtements, jouets ou sports
  → différencient les rôles féminins et masculins
- **par les médias :** dessins animés, séries télévisées, magazines…
  → renforcent les stéréotypes de genre
- **par l'école :** orientations vers différentes filières selon le genre
- **par le marché du travail :** métiers différents

L'école Polytechnique, très majoritairement fréquentée par des garçons

UN PROCESSUS…

… inachevé

Socialisation primaire
- pendant l'**enfance** et l'**adolescence**
- principales instances de socialisation :
  → au cours de l'enfance : famille et école
  → au cours de l'adolescence : médias et groupes de pairs

Socialisation secondaire
- à l'**âge adulte**
- nouveau statut social : l'identité professionnelle
- principales instances de socialisation : famille, médias, groupe de pairs et milieu professionnel

Rupture ou continuité ?
- **Rupture :** les deux socialisations ne se déroulent pas dans le même milieu social et créent des conflits
- **Continuité :** peu importe les socialisations et leurs contradictions, les individus peuvent s'adapter

SE TESTER QUIZ

Vérifiez que vous avez bien compris les points clés des **fiches 24 à 26**.

1 La socialisation différenciée selon le milieu social

→ FICHE 24

1. Le choix du lieu d'habitation par les familles bourgeoises se porte sur….

☐ **a.** les quartiers favorisés, de sorte à entretenir un entre-soi.
☐ **b.** tous types de quartiers.
☐ **c.** les quartiers frappés par les difficultés sociales.

2. Dans quel milieu social la réussite scolaire est-elle la plus forte ?

☐ **a.** les milieux populaires, grâce à la proximité des valeurs transmises par la famille et par l'école
☐ **b.** les milieux favorisés, grâce à la proximité des valeurs transmises par la famille et par l'école
☐ **c.** aucun milieu social en particulier

2 La socialisation différenciée selon le genre

→ FICHE 25

1. On peut constater que les filles, par leur socialisation…

☐ **a.** tendent à jouer à des jeux calmes dans les cours de récréation.
☐ **b.** choisissent plutôt des filières littéraires ou artistiques.
☐ **c.** sont incitées à pratiquer certains sports tels que la danse, la gymnastique ou l'équitation.

2. On peut observer que les garçons, par leur socialisation…

☐ **a.** s'orientent plus que les filles vers les filières valorisées pour leurs études.
☐ **b.** occupent plutôt des métiers dans les domaines de la santé et de l'éducation.
☐ **c.** occupent plutôt des métiers d'ingénieur.

3 La socialisation au cours de la vie

→ FICHE 26

1. Quand la socialisation primaire a-t-elle lieu ?

☐ **a.** lorsque l'on exerce une profession
☐ **b.** à l'âge adulte
☐ **c.** pendant l'enfance et l'adolescence

2. La socialisation qui s'opère durant l'adolescence…

☐ **a.** rend le groupe des pairs très important.
☐ **b.** permet de construire son identité sexuelle.
☐ **c.** permet d'intégrer le langage.

S'ENTRAÎNER

4 Comprendre le vocabulaire du cours

→ FICHES 24 à 26

Reliez chaque notion à sa définition.

socialisation anticipatrice •	• intégration des normes et valeurs pendant l'enfance et l'adolescence
socialisation primaire •	• différences construites socialement entre le masculin et le féminin
socialisation secondaire •	• intégration des normes et valeurs d'un groupe auquel l'individu aimerait appartenir
genre •	• intégration des normes et valeurs à l'âge adulte

5 Calculer une moyenne simple

→ FICHE 25

Document **Temps consacré en une semaine par les conjoints aux tâches domestiques et aux soins des enfants**

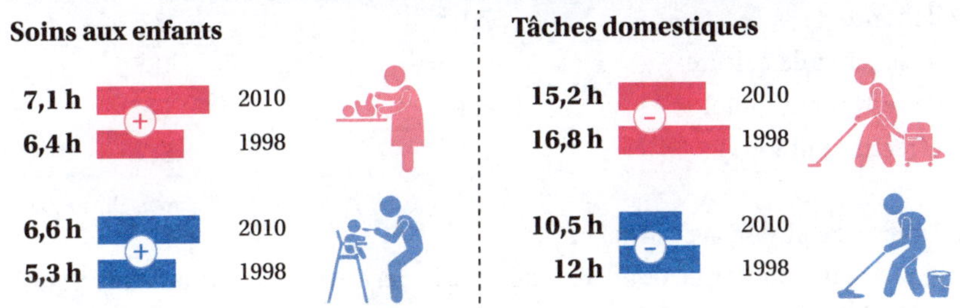

Source : Gilles Pronovost, *Que faisons-nous de notre temps ? Vingt-quatre heures dans la vie des Québécois*, Presses de l'université du Québec, 2015.

1. Lisez la donnée « 7,1 heures ».

2. Grâce à une moyenne simple, calculez le temps consacré chaque jour, en 2010, aux tâches domestiques et aux soins des enfants par la mère, puis par le père.

Savoir-faire

Calculer une moyenne simple et une moyenne pondérée

- Pour calculer une **moyenne simple**, on additionne les données, puis on divise la somme obtenue par le nombre de données.
- Pour calculer une **moyenne pondérée**, on multiplie chaque donnée par un coefficient, puis on calcule la somme, que l'on divise par le nombre de données.

6 Réviser le cours en 6 questions flash

→ FICHES 24 à 26

1. Comment le choix du lieu d'habitation par les familles bourgeoises renforce-t-il la socialisation différenciée ?
2. De quelle manière l'école renforce-t-elle les inégalités de socialisation en fonction du milieu social ?
3. En quoi les médias participent-ils à la socialisation genrée ? Appuyez-vous sur un exemple.
4. En quoi le marché du travail est-il un aboutissement de la socialisation genrée ?
5. En quoi la socialisation primaire se distingue-t-elle de la socialisation secondaire ?
6. Pourquoi la socialisation secondaire peut-elle entrer en conflit avec la socialisation primaire ?

7 Calculer une moyenne pondérée

→ FICHE 24

Document **Dépenses des cadres et des ouvriers par mois en 2014 (€)**

dépenses...	cadres	ouvriers
de santé	70	37
de loisir et de culture	489	185
de restaurant, hôtel	414	122
effectif (millions)	**4,3**	**5,7**

D'après l'Insee, 2016.

1. Faites une phrase avec la valeur « 70 ».
2. Grâce à une moyenne pondérée, calculez la dépense moyenne de santé pour les cadres et les ouvriers.
3. Dans quel cas une moyenne simple donnerait le même résultat ?

OBJECTIF BAC

8 La socialisation différenciée en milieu scolaire • Raisonnement

1 h 20

Cet exercice vous propose une méthode pour construire un paragraphe argumenté.

LE SUJET

Comment l'école participe-t-elle à la socialisation différenciée ?

Document 1 **Témoignage sur les stratégies scolaires**

« Ce sont les enfants qui font la différence. On met les élèves de Neuilly à Nanterre, on n'aura pas les mêmes résultats au bac. Pourtant, il y aura les mêmes professeurs. On met les élèves de Nanterre à Pasteur [lycée de

Neuilly], il n'y aura pas les mêmes résultats ; pourtant, il y aura les mêmes professeurs. C'est quand même là où il y a les familles les plus favorisées, donc sur Neuilly ou sur Sceaux, sur Saint-Cloud que les résultats au baccalauréat sont les meilleurs. Ça vient d'un milieu défavorisé, si on n'a pas les conditions de travailler correctement. » *[témoignage de Mme C., secrétaire, Nanterre]*

Source : Agnès Van Zanten, « Le choix des autres. Jugements, stratégies et ségrégations scolaires », *Actes de la recherche en sciences sociales*, n° 180, mai 2009.

Document 2 Les filières scolaires en fonction du genre

filières	part des filles
IUT informatique industrielle	7,1 %
formations d'ingénieurs	28,1 %
classes préparatoires scientifiques	30,2 %
ensemble des formations	55 %

Source : ministère de l'Éducation, © Observatoire des inégalités, 2015-2016.

Méthode

Rédiger un paragraphe argumenté

Lorsque vous devez bâtir une démonstration, chacun de vos arguments doit être défendu dans un paragraphe construit selon la méthode « AEI » : affirmer, expliquer, illustrer.

Étape 1 Affirmer

Dans chaque paragraphe argumenté, commencez par annoncer ce que vous allez démontrer.

Étape 2 Expliquer

- Mobilisez vos connaissances pour démontrer votre affirmation.
- Retrouvez les mécanismes, les auteurs, les théories, les concepts vus en cours qui permettent la démonstration.

Étape 3 Illustrer

Les illustrations améliorent l'explication et rapportent des points. Proposez, si possible, un exemple du cours et un autre issu du document.

Étape 4 Articuler les paragraphes argumentés

Le paragraphe argumenté constitue l'unité de base d'un raisonnement. Pour répondre à une question, vous devez rédiger en général plusieurs paragraphes argumentés.

▶▶▶ LA FEUILLE DE ROUTE

Étape 1 Affirmer

- Pour répondre à la question, il faut mobiliser **deux affirmations** : « l'école participe à la socialisation différenciée en fonction du milieu social » et « l'école participe à la socialisation différenciée en fonction du genre ».
- Le raisonnement sera ainsi divisé en **deux paragraphes argumentés**.

Étape 2 Expliquer

Sélectionnez des **notions** comme « instances de socialisation », « genre » ; des **mécanismes** tels que « socialisation par inculcation ». Comme **auteur**, vous pouvez choisir Pierre Bourdieu.

Étape 3 Illustrer

- Les illustrations de votre cours seront utiles : le choix des grandes écoles pour les enfants de la bourgeoisie ; les comportements des filles et garçons dans la cour de récréation.
- Le document 1 fournit un exemple de socialisation différenciée en fonction du **milieu social**, le document 2 en fonction du **genre**.

Étape 4 Articuler les paragraphes argumentés

Vous pouvez montrer d'abord que l'école participe à la socialisation différenciée en fonction du milieu social, puis en fonction du genre. → CORRIGÉ p. 136

CORRIGÉS

▶ SE TESTER QUIZ

1 La socialisation différenciée selon le milieu social

1. Réponse a. Le choix du lieu d'habitation par les familles bourgeoises se porte sur les quartiers favorisés, de sorte à entretenir un entre-soi.

2. Réponse b. La réussite scolaire est plus forte dans les milieux favorisés, grâce à la proximité des valeurs transmises par la famille et par l'école.

2 La socialisation différenciée selon le genre

1. Réponses a, b et c. On peut constater que les filles, par leur socialisation, tendent à jouer à des jeux calmes dans les cours de récréation, choisissent plutôt des filières littéraires ou artistiques, et sont incitées à pratiquer certains sports tels que la danse, la gymnastique ou l'équitation.

2. Réponses a et c. On peut observer que les garçons, par leur socialisation, s'orientent plus que les filles vers les filières valorisées pour leurs études, et occupent plutôt des métiers d'ingénieurs.

3 La socialisation au cours de la vie

1. **Réponse c.** La socialisation primaire a lieu pendant l'enfance et l'adolescence.

2. **Réponses a et b.** La socialisation qui s'opère durant l'adolescence rend le groupe des pairs très important et permet de construire son identité sexuelle.

S'ENTRAÎNER

4 Comprendre le vocabulaire du cours

- **Socialisation anticipatrice** : intégration des normes et des valeurs d'un groupe auquel l'individu aimerait appartenir.
- **Socialisation primaire** : intégration des normes et des valeurs pendant l'enfance et l'adolescence.
- **Socialisation secondaire** : intégration des normes et des valeurs à l'âge adulte.
- **Genre** : différences construites socialement entre le masculin et le féminin.

5 Calculer une moyenne simple

1. En 2010, une mère consacrait **7,1 heures** par semaine au soin des enfants.

2. En 2010, la mère consacrait 15,2 heures aux tâches domestiques et 7,1 heures aux soins des enfants, soit 22,3 heures par semaine (7,1 + 15,2), donc environ **3,2 heures par jour en moyenne** (22,3 heures divisées par 7 jours).
En 2010, le père consacrait aux tâches domestiques et aux soins des enfants : 17,1 heures (6,6 + 10,5) divisées par 7, soit **2,4 heures par jour en moyenne.**

6 Réviser le cours en 6 questions flash

1. Les familles aux ressources économiques élevées sélectionnent leur lieu d'habitation de façon à **entretenir un entre-soi**. À l'inverse, les familles populaires s'installent où elles peuvent, en fonction de leurs ressources.

2. Les valeurs transmises par l'école sont **proches des valeurs bourgeoises**. Les enfants issus de la bourgeoisie vont posséder la bonne culture générale issue en réalité de leur socialisation familiale.

3. Les **contes de fées**, par exemple, ont été identifiés comme des instruments de transmission de la socialisation en fonction du genre. Les personnages véhiculent des valeurs masculines (courage) et féminines (naïveté) stéréotypées.

4. Le genre a une influence sur le **choix des métiers**. Les métiers de la santé et de l'enseignement sont exercés en majorité par des femmes, alors que les métiers d'ingénieurs sont occupés essentiellement par des hommes.

5. La **socialisation primaire** se déroule durant l'enfance et l'adolescence grâce à la famille, l'école, les médias, alors que la **socialisation secondaire** a lieu à l'âge adulte, surtout grâce au monde du travail.

6. Socialisations primaire et secondaire peuvent entrer en conflit quand les valeurs et normes transmises par l'une et l'autre sont **trop éloignées**.

7 Calculer une moyenne pondérée

1. En 2014, les cadres ont dépensé en moyenne **70 € par mois pour leur santé.**

2. Il faut d'abord calculer la somme des dépenses de santé pour les cadres et les ouvriers, en fonction de leurs effectifs respectifs, puis diviser le résultat par le nombre total de cadres et d'ouvriers :

$$\frac{4{,}3 \text{ millions} \times 70\ € + 5{,}7 \text{ millions} \times 37\ €}{4{,}3 \text{ millions} + 5{,}7 \text{ millions}} = \mathbf{51{,}19\ €\ \text{par personne}}$$

3. Une moyenne simple donnerait le même résultat dans le cas où les **effectifs seraient de même taille.**

OBJECTIF BAC

8 Raisonnement

■ **[Affirmation 1]** L'école participe à la socialisation différenciée en fonction du milieu social. **[Explication]** L'école est une instance de socialisation centrale lors de la socialisation primaire. Elle transmet des normes et valeurs qui ne sont pas neutres, mais proches de celles des milieux les plus bourgeois d'après Pierre Bourdieu. **[Illustration du cours]** Cela explique, par exemple, que dans les grandes écoles soient concentrées les élites issues des classes bourgeoises. **[Illustration du document]** Dans le document 1, Madame C., habitante de Nanterre, soutien que « ce sont les enfants qui font la différence », que les résultats scolaires tiennent davantage aux enfants eux-mêmes, donc à leur socialisation primaire, qu'aux enseignants. Ainsi, les enfants de terminale de Neuilly réussiraient dans n'importe quel autre lycée.

> **CONSEIL**
> Préparez vos illustrations avant de rédiger.

■ **[Affirmation 2]** L'école participe à la socialisation différenciée en fonction du genre. **[Explication]** L'école est une instance de socialisation centrale lors de la socialisation primaire. Elle transmet des normes et des valeurs qui valident les rôles masculins et féminins véhiculés par notre société. **[Illustration du cours]** En primaire, à l'inverse des garçons, on constate que les filles jouent à des jeux calmes sur les côtés de la cour de la récréation, alors que les garçons jouent à des jeux de ballon au milieu de la cour. **[Illustration du document]** Cela se confirme dans le document 2 qui présente la part des filles dans différentes filières scolaires. Alors qu'elles représentent 55 % de l'effectif total, elles ne sont que 30,2 % en classes préparatoires scientifiques et environ deux fois moins nombreuses en formations d'ingénieurs (28,1 %).

Comment s'organise la vie politique ?

En France, l'Assemblée nationale regroupe 577 députés élus pour 5 ans. Elle partage le pouvoir législatif avec le Sénat. À ce titre, elle valide le budget et elle propose, met en débat et vote les futures lois.

27 Qu'est-ce que le pouvoir politique ?

En bref *Le pouvoir politique peut prendre différentes formes : démocratique, autoritaire, monarchique... Dans un régime démocratique, il doit respecter certains principes qui sont au fondement de notre société française actuelle.*

I Les différentes formes du pouvoir politique

1 Les régimes démocratiques

■ Dans une démocratie, le **pouvoir politique** est détenu ou contrôlé par le **peuple**. Selon Abraham Lincoln (1809-1865), c'est « le gouvernement du peuple, par le peuple, pour le peuple ».

> **MOT CLÉ**
> Le **pouvoir politique** est la capacité à gouverner dans une société et, par conséquent, à produire une autorité légitime pour obtenir une obéissance du peuple.

■ On parle de **démocratie directe** lorsque le peuple exerce son pouvoir directement, sans l'intermédiaire de représentants. Ainsi, le référendum laisse le peuple décider de certains choix politiques, comme celui de rester dans l'Union européenne ou non (Royaume-Uni, 2016). Le peuple peut aussi intégrer des instances politiques (ex. : comités de quartiers). Enfin, il peut voter *via* Internet pour que des décisions politiques soient prises, comme actuellement en Suisse.

■ On parle de **démocratie représentative** lorsque le peuple délègue son pouvoir à des représentants. Ces derniers obtiennent alors un mandat qui peut être impératif (obligation d'appliquer le programme pour lequel ils ont été élus, sous peine de révocation) ou représentatif (ils représentent la nation tout entière, pas seulement ceux qui les ont élus).

2 Les autres formes de régimes politiques

■ Les **régimes autoritaires** confisquent le pouvoir politique au peuple au profit d'une personne ou d'un groupe qui accapare toutes les formes de pouvoir.

■ Dans une **monarchie**, le pouvoir politique est exercé par une seule personne, le roi. Sa légitimité provient de Dieu dans une monarchie de droit divin. En revanche, dans une monarchie constitutionnelle, le pouvoir du roi est encadré par des lois. Enfin, dans une monarchie parlementaire, comme en Suède, le roi est une figure morale sans réel pouvoir politique.

■ Dans une **oligarchie**, un petit groupe de personnes exerce le pouvoir politique, en raison de leur richesse (ploutocratie), de leur statut d'« anciens » (gérontocratie) ou de leur noblesse (aristocratie).

II Le pouvoir politique dans une démocratie

Un régime politique est dit **démocratique** quand il respecte certains critères de désignation des représentants politiques, de séparation des pouvoirs et de contrôle des gouvernants.

> **MOT CLÉ**
> La **démocratie** est un régime politique qui assure que le pouvoir politique est exercé par et pour le peuple. Elle peut être directe ou représentative.

- Le pouvoir politique **appartient au peuple**, donc aux citoyens qui ont le droit de participer à la vie politique. Il doit être exercé en faveur de l'intérêt général, les politiciens ne doivent donc pas poursuivre des intérêts particuliers, comme ceux des groupes de pression → FICHE 32.
- La **séparation des pouvoirs** → FICHE 29 assure le fonctionnement démocratique de la société. On distingue le pouvoir législatif (vote les lois), le pouvoir exécutif (les applique) et le pouvoir judiciaire (contrôle leur bonne application).
- Les **libertés fondamentales** (ex. : s'exprimer, manifester, résister) doivent être protégées en démocratie. Les mouvements sociaux, les médias (« 4e pouvoir »), les réseaux sociaux (« 5e pouvoir »), donc la société civile organisée, ont le droit et le devoir de jouer un rôle dans l'exercice du pouvoir politique → FICHE 32.

zoOm

La liberté de la presse dans le monde

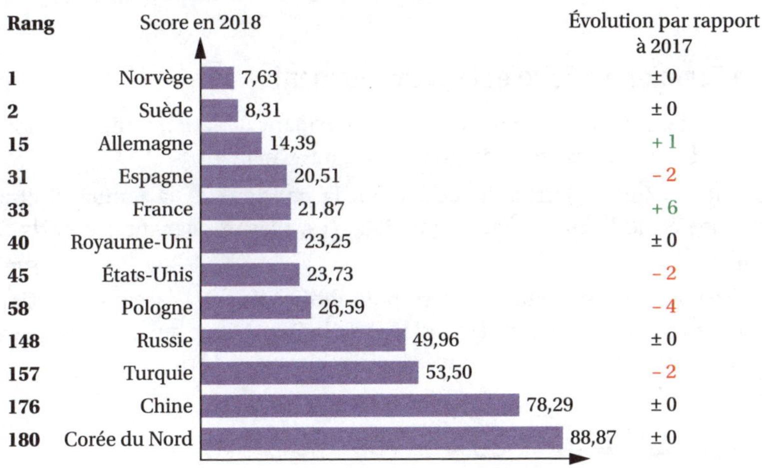

Source : Statista, Reporters sans frontières.

La liberté de la presse témoigne de la santé démocratique de nos sociétés. L'indice de liberté de la presse prend en compte l'indépendance et le pluralisme de la presse, 0 étant la meilleure note et 100 la moins bonne. La France a gagné six places en 2018 par rapport à 2017, mais ne se situe qu'à la 33e position.

28 Quelles sont les principales institutions de la Ve République ?

En bref *En 1958, la France instaure la Ve République qui est un régime semi-présidentiel* → FICHE 29 *avec des particularités au niveau de la séparation des pouvoirs.*

I Les institutions du pouvoir exécutif

En France, les **institutions** du pouvoir exécutif forment une dyarchie, c'est-à-dire un pouvoir politique partagé entre le président de la République et son Premier ministre.

MOT CLÉ
Une **institution** désigne l'ensemble des règles (lois) et des fonctions associées (députés) qui participent à l'organisation de la société.

1 Le président de la République

- Il est élu au suffrage universel direct → FICHE 30 par l'ensemble des citoyens de plus de 18 ans ayant la nationalité française, pour une durée de cinq ans.
- Il peut dissoudre le Parlement sur simple décision, ce qui provoque la tenue de nouvelles élections.
- Il nomme le Premier ministre et les ministres sur proposition de celui-ci. Il préside le Conseil d'État et le Conseil des ministres qui mène la politique dont il donne le cap.

2 Le Premier ministre et le gouvernement

- Le Premier ministre est nommé par le président de la République et doit lui proposer des ministres qui constitueront le gouvernement.
- Le gouvernement détermine et conduit la politique de la nation. Il dispose de l'armée et de l'administration publique (ex. : les enseignants) pour la faire appliquer.
- Le Premier ministre engage sa responsabilité devant l'Assemblée nationale sur son programme et devant le président de la République qui ont, tous deux, le pouvoir de le faire démissionner avec l'ensemble du gouvernement.

II Les institutions du pouvoir législatif

Le Parlement est l'institution qui a le pouvoir de créer des lois. Il est composé de l'Assemblée nationale et du Sénat.

1 L'Assemblée nationale

- Elle est constituée de 577 députés élus au suffrage universel direct → FICHE 30, la même année que le président de la République, pour une durée de cinq ans.

- Elle a pour rôle de contrôler le gouvernement et peut accepter ou refuser de voter les lois ou le budget du gouvernement.
- Elle peut faire démissionner le gouvernement si la moitié au moins des députés accepte de voter une « motion de censure ».

2 | Le Sénat

- Il est constituée de 348 sénateurs **élus au suffrage universel indirect** → FICHE 30 par 160 000 grands électeurs (ex. : maires). Leur mandat est de six ans, mais le Sénat est renouvelé par moitié tous les trois ans.
- Le Sénat propose et vote les lois et le budget proposés par le gouvernement et peut modifier la Constitution. Mais il ne peut pas renverser le gouvernement, car il est garant de la stabilité des institutions.

III Les institutions du pouvoir judiciaire

- La Justice est la **gardienne des libertés individuelles**. Elle contrôle les autres pouvoirs pour vérifier s'ils appliquent réellement les règles de droit, y compris à eux-mêmes.
- Le **Conseil constitutionnel** vérifie que les lois sont conformes à la Constitution.
- Le **Conseil d'État** est la plus haute juridiction administrative et juge en dernier recours les litiges entre les citoyens et l'administration (État, commune, etc.).

zoOm

Les cohabitations sous la Vᵉ République

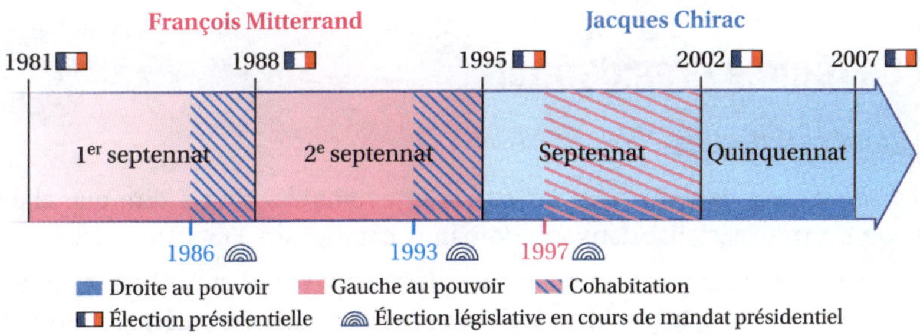

- Entre 1981 et 2007, la Vᵉ République a connu **trois périodes de cohabitation** : périodes durant lesquelles le président de la République n'était pas du même bord politique que le Premier ministre et son gouvernement.
- En 1986, la majorité des députés élue est de droite, ce qui oblige le président de la République, alors de gauche (François Mitterrand), à nommer un Premier ministre de droite (Jacques Chirac).

29 En quoi consiste la séparation des pouvoirs ?

En bref *La séparation des pouvoirs est l'un des fondements des régimes démocratiques. Elle se décline sous trois formes : régime parlementaire, régime présidentiel ou régime semi-présidentiel.*

I Le régime parlementaire

1 Caractéristiques

- Dans ce **régime politique** (ex. : Royaume-Uni), la séparation des pouvoirs est souple : le gouvernement et le Parlement sont dépendants l'un de l'autre et coopèrent pour gouverner sous l'arbitrage du chef de l'État. Il existe une révocabilité mutuelle.

MOT CLÉ
Le **régime politique** est le mode d'organisation et de gouvernement d'un État.

2 Rôle de chaque pouvoir

- L'exécutif est bicéphale (à deux têtes), avec le Premier ministre qui dirige l'action politique et le chef de l'État (le roi ou la reine au Royaume-Uni). Le Premier ministre est nommé par le parti majoritaire au Parlement. Il propose ensuite un gouvernement validé par un vote de ce dernier.
- Le Parlement propose, amende et vote les lois. Il est dit bicaméral (constitué de deux chambres).
- Le pouvoir judiciaire doit être indépendant. Il est incarné au Royaume-Uni par la Cour suprême.

II Le régime présidentiel

1 Caractéristiques

- La séparation des pouvoirs est stricte et équilibrée, c'est-à-dire que chaque pouvoir est très spécialisé dans son domaine, comme aux États-Unis.
- L'exécutif et le législatif sont élus au suffrage universel et ont la même légitimité. Aux États-Unis, le président est élu pour quatre ans, les parlementaires pour six ans (sénateurs) ou deux ans (députés de la Chambre des représentants).

2 Rôles de chaque pouvoir

- L'exécutif est monocéphale (dirigé par une seule personne) et confié au président qui est chef de l'État, du gouvernement, des armées et de la diplomatie. Il a aussi un droit de véto sur les lois votées par le Parlement.
- Le Parlement a tout le pouvoir législatif, mais ne peut pas renverser l'exécutif.

- Le pouvoir **judiciaire**, indépendant, arbitre les conflits entre exécutif et législatif. Aux États-Unis, les juges de la Cour suprême sont nommés à vie par le président après avis favorable des sénateurs.

III Le régime semi-présidentiel

Ce régime est un mélange des deux précédents. Il est appliqué en France depuis 1958.

1 L'exécutif

Il est constitué du président de la République et du gouvernement (dyarchie). Le **président**, élu au suffrage universel, dispose d'un pouvoir important. Il nomme son Premier ministre qui lui propose un **gouvernement**. Il préside le Conseil des ministres, impulse les grandes lignes de la politique et peut dissoudre le législatif.

2 Le législatif et le judiciaire

- Le **gouvernement**, responsable devant le Parlement, peut être renversé. Il propose des lois aux assemblées législatives et a les moyens de les faire adopter en force aussi. Le **Parlement** peut proposer des lois, les amender, et doit les voter. Il peut renverser le gouvernement, mais peut être dissous par le président.
- Le **pouvoir judiciaire** doit être indépendant des deux autres.

zoOm

Quel pouvoir pour le président des États-Unis ?

- Aux États-Unis, le régime est présidentiel. Le président est seul maître de l'exécutif. Cependant, son action peut être contrecarrée par le Parlement, surtout si l'une des chambres est d'une couleur politique différente de la sienne.
- La Cour suprême et les juges des différents États peuvent également bloquer certaines de ses décisions. Ce fut le cas en 2017, lorsque Donald Trump voulut interdire de séjour aux États-Unis les ressortissants de plusieurs pays arabes.

MÉMO VISUEL

Le pouvoir politique

Formes
- formes démocratiques
- formes autoritaires

Caractéristiques en démocratie
- souveraineté du peuple
- séparation des pouvoirs
- liberté des individus

LA VIE

Les institutions de la Vᵉ République

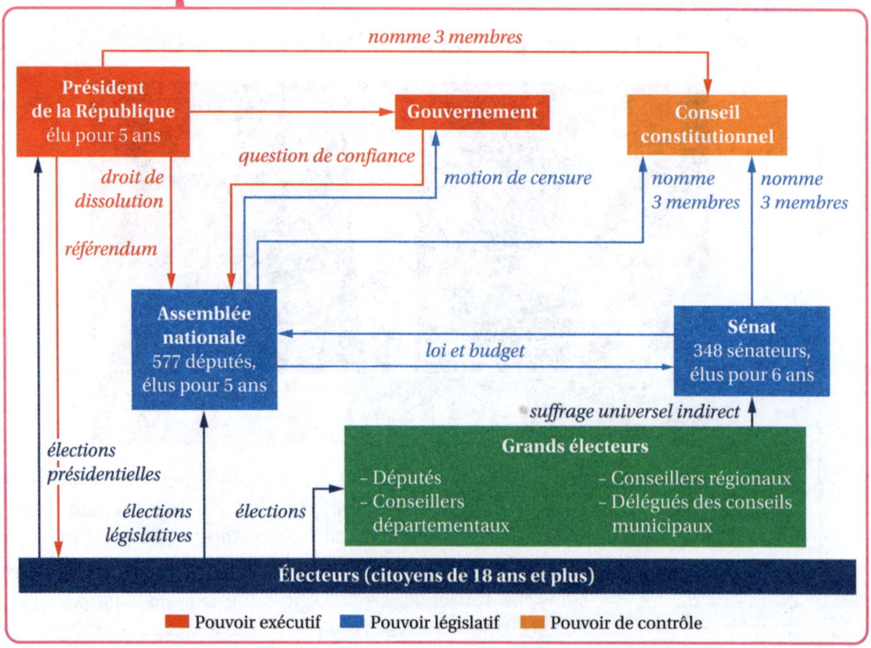

3 modalités de séparation des pouvoirs

Régime parlementaire

- **Pouvoir exécutif :**
  - État, Premier ministre et gouvernement
  - nommé par le législatif
  - peut dissoudre le Parlement
- **Pouvoir législatif :**
  - Parlement
  - propose, amende et vote les lois
  - peut renverser le gouvernement
- **Pouvoir judiciaire indépendant**

POLITIQUE

Régime présidentiel

- **Pouvoir exécutif :**
  - président
  - gouvernement choisi par le président
  - mène la politique du pays
  - ne peut pas être renversé
- **Pouvoir législatif :**
  - Parlement
  - propose, amende et vote les lois
  - ne peut pas être dissous
- **Pouvoir judiciaire :**
  - indépendant
  - arbitre les conflits entre exécutif et législatif

Régime semi-présidentiel

- **Pouvoir exécutif :**
  - président et gouvernement
  - le président peut dissoudre le Parlement et changer de gouvernement
- **Pouvoir législatif :**
  - Parlement
  - vote les lois et les amende, mais peut aussi en proposer
  - peut renverser le gouvernement ou refuser de voter certaines lois
- **Pouvoir judiciaire indépendant**

SE TESTER QUIZ

Vérifiez que vous avez bien compris les points clés des **fiches 27 à 29**.

1 Le pouvoir politique

→ FICHE 27

1. Dans une démocratie représentative, le pouvoir est exercé par…

☐ **a.** le peuple, directement.
☐ **b.** des représentants du peuple.
☐ **c.** les plus riches.

2. Parmi ces principes, lesquels caractérisent la démocratie ?

☐ **a.** La souveraineté du peuple
☐ **b.** La séparation des pouvoirs
☐ **c.** Le respect des libertés fondamentales

2 Les principales institutions de la Ve République

→ FICHE 28

1. Quelles institutions représentent le pouvoir législatif ?

☐ **a.** Le président de la République
☐ **b.** L'Assemblée nationale
☐ **c.** Le Sénat

2. Parmi les pouvoirs conférés au président de la République, il y a celui de…

☐ **a.** choisir son Premier ministre.
☐ **b.** dissoudre l'Assemblée nationale.
☐ **c.** dissoudre le Sénat.

3 La séparation des pouvoirs

→ FICHE 29

1. Parmi ces caractéristiques, lesquelles relèvent d'un régime parlementaire ?

☐ **a.** Seul le chef de l'État mène l'action politique.
☐ **b.** Le Parlement peut renverser le gouvernement.
☐ **c.** Le gouvernement peut dissoudre le Parlement.

2. Parmi ces caractéristiques, lesquelles relèvent d'un régime présidentiel ?

☐ **a.** Le président peut dissoudre le Parlement.
☐ **b.** Le Parlement peut renverser le gouvernement.
☐ **c.** L'exécutif et le législatif sont élus au suffrage universel.

3. Parmi ces caractéristiques, lesquelles relèvent d'un régime semi-présidentiel ?

☐ **a.** Le président de la République peut dissoudre le Parlement.
☐ **b.** Le Parlement peut renverser le gouvernement.
☐ **c.** Le gouvernement peut renverser le président.

S'ENTRAÎNER

4 Comprendre le vocabulaire du cours

→ FICHES 27 à 29

Reliez chaque notion à sa définition.

pouvoir politique •	• ensemble de règles qui participent à l'organisation de la société
démocratie •	• capacité à gouverner une population avec légitimité
régime politique •	• gouvernement du peuple, pour le peuple et par le peuple
institution •	• mode d'organisation et de gouvernement de l'État

5 Se repérer sur un graphique

→ FICHE 27

Document **Nombre de femmes à l'Assemblée nationale depuis 1958**

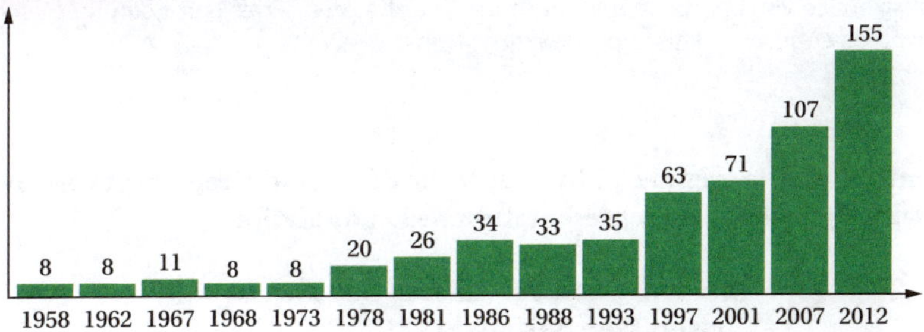

1. a. Calculez le taux de variation du nombre de femmes entre 1958 et 1967.

b. Faites le même calcul entre 1958 et 2012.

2. Pour ces deux périodes, calculez un coefficient multiplicateur.

Savoir-faire

Calculer un taux de variation et un coefficient multiplicateur

- Pour calculer un **taux de variation** : soustraire la valeur de départ à la valeur d'arrivée, diviser le tout par la valeur de départ, multiplier par 100 (pourcentage).
- Pour calculer un **coefficient multiplicateur** : diviser la valeur d'arrivée par la valeur de départ.
- Ces calculs permettent de comparer des données, mais dans les deux cas, on ne connaît plus la valeur absolue (euros, nombre d'heures…) des données étudiées.

6 Réviser le cours en 6 questions flash

→ FICHES 27 à 29

1. Qu'est-ce qui distingue la démocratie directe et la démocratie représentative ?
2. En quoi consiste le respect des autres formes de pouvoir en démocratie ?
3. Sous la Ve République, comment le président contrôle-t-il le gouvernement ?
4. Comment l'Assemblée nationale peut-elle s'opposer au gouvernement sous la Ve République ?
5. Dans un régime parlementaire, comment les pouvoirs sont-ils séparés ?
6. Dans un régime présidentiel, comment la stabilité est-elle assurée ?

OBJECTIF BAC

7 Quelle représentativité en démocratie ? • Raisonnement

1 h 20

Cet exercice vous propose une méthode pour lire des séries chronologiques sous forme de courbe et d'histogramme en bâtons.

LE SUJET

Montrez que le régime politique de la démocratie représentative peut poser un problème de représentation de la population.

Document 1 Représentation des classes populaires à l'Assemblée nationale

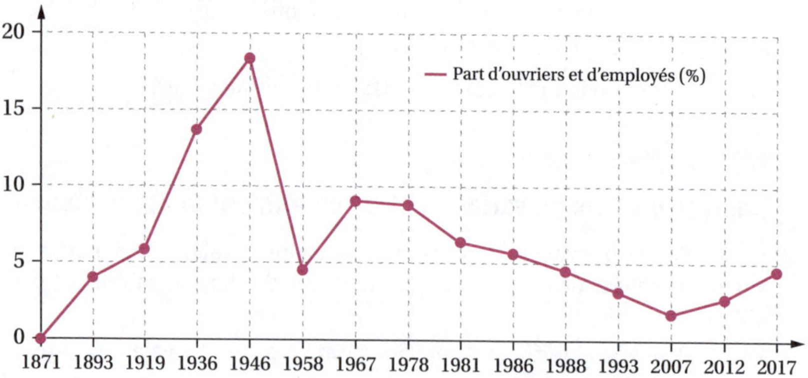

Source : Observatoire des inégalités.

Document 2 Le cumul des mandats en France

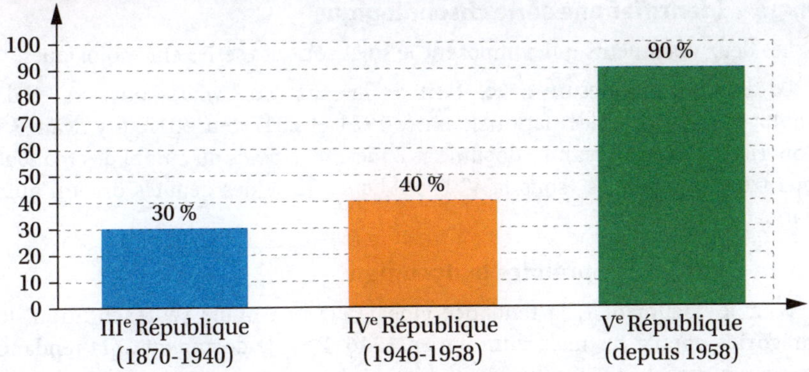

Source : Institut Montaigne.

Lecture : sous la IIIe République, 30 % des députés avaient au moins un autre mandat politique.

Méthode

Lire une série chronologique

Étape 1 Identifier une série chronologique

- Une série chronologique indique la valeur que prend une variable à différents moments dans le temps. Pour identifier ce type de document, il suffit de regarder si l'axe des abscisses correspond à une unité de temps (mois, années…).
- Comme pour tout document, lisez attentivement les différentes informations : titre, source, légende, notes. Identifiez la variable considérée et son unité.

Étape 2 Lire et comprendre le document

- Allez du général au particulier. Repérez la tendance globale de l'évolution, puis les informations secondaires : évolutions particulières sur certaines périodes, « pics » (retournements de tendance).
- Tentez de découper la série chronologique en périodes.
- Si le sujet comporte deux séries chronologiques, regardez si certaines de leurs périodes correspondent. Comparez leurs évolutions globales, puis leurs écarts sur certaines périodes.

Étape 3 Construire la réponse → MÉTHODE p. 184

▶▶▶ LA FEUILLE DE ROUTE

Étape 1 Identifier une série chronologique

- Les deux documents qui composent le sujet sont des séries chronologiques.
- Le document 1 mesure l'évolution de la part (en %) des ouvriers et des employés à l'Assemblée nationale entre 1971 et 2017 (en 2017, il y avait 5 % d'ouvriers et d'employés). Le document 2 mesure le poids du cumul des mandats sous trois Républiques (sous la Vᵉ République, 90 % des députés ont un autre mandat).

Étape 2 Lire et comprendre le document

- Pour le document 1, la tendance globale est une **faible représentation des catégories populaires** malgré un pic en 1946. Pour le document 2, la tendance est clairement à la **hausse du cumul** des mandats.
- Dans le document 1, on distingue une période qui s'étend de 1871 à 1946, puis une autre de 1946 à 2017. Pour le document 2, il faut garder les périodes associées aux différentes Républiques.
- Les deux documents portent sur la **même période**. Les classes populaires sont très mal représentées durant les trois Républiques, mais la situation se dégrade à partir de la fin des années 1960. Le document 2 montre que le cumul des mandats devient la norme et accentue l'idée d'une classe populaire tenue à l'écart et d'une professionnalisation de la politique.

Étape 3 Construire la réponse

Définissez d'abord la démocratie représentative, puis montrez que les classes populaires sont mal représentées. Enfin, soulignez que le cumul des mandats témoigne d'une professionnalisation de la vie politique. → CORRIGÉ p. 152

CORRIGÉS

▶ SE TESTER QUIZ

1 Le pouvoir politique

1. Réponse b. Dans une démocratie représentative, le pouvoir est exercé par des représentants du peuple.

2. Réponses a, b et c. La démocratie se caractérise par la souveraineté du peuple, la séparation des pouvoirs et le respect des libertés fondamentales.

2 Les principales institutions de la Ve République

1. Réponses b et c. Assemblée nationale et Sénat représentent le législatif.

2. Réponses a et b. Le président de la République choisit son Premier ministre et peut dissoudre l'Assemblée nationale.

3 La séparation des pouvoirs

1. Réponses b et c. Dans un régime parlementaire, le Parlement peut renverser le gouvernement, et le gouvernement peut dissoudre le Parlement.

2. Réponse c. Dans un régime présidentiel, l'exécutif et le législatif sont élus au suffrage universel.

3. Réponses a et b. Dans un régime semi-présidentiel, le président peut dissoudre le Parlement et le Parlement peut renverser le gouvernement.

S'ENTRAÎNER

4 Comprendre le vocabulaire du cours

- **Pouvoir politique** : capacité à gouverner une population avec légitimité.
- **Démocratie** : gouvernement du peuple, pour le peuple et par le peuple.
- **Régime politique** : mode d'organisation et de gouvernement de l'État.
- **Institution** : ensemble de règles qui participent à l'organisation de la société.

5 Se repérer sur un graphique

1. a. Taux de variation du nombre de femmes entre 1958 et 1967 :

$$\frac{\text{nombre de femmes en 1967} - \text{nombre de femmes en 1958}}{\text{nombre de femmes en 1958}} \times 100 = \frac{(11-8)\times 100}{8} = 37{,}5\ \%$$

Il y a eu **37,5 %** de femmes en plus à l'Assemblée nationale entre 1958 et 1967.

b. Taux de variation du nombre de femmes entre 1958 et 2012 :

$$\frac{\text{nombre de femmes en 2012} - \text{nombre de femmes en 1958}}{\text{nombre de femmes en 1958}} \times 100 = \frac{(155-8)\times 100}{8} = 1\,837{,}5\ \%$$

Il y a eu **1 837,5 %** de femmes en plus entre 1958 et 2012.

CONSEIL
Privilégiez les variations en pourcentages, immédiatement lisibles et facilement comparables.

2. Coefficient multiplicateur du nombre de femmes entre 1958 et 1967 :

$$\frac{\text{nombre de femmes en 1967}}{\text{nombre de femmes en 1958}} = \frac{11}{8} = 1{,}375$$

Il y a eu **1,375** fois plus de femmes à l'Assemblée nationale entre 1958 et 1967.

Coefficient multiplicateur du nombre de femmes entre 1958 et 2012 :

$$\frac{\text{nombre de femmes en 2012}}{\text{nombre de femmes en 1958}} = \frac{155}{8} = 19{,}375$$

Il y a eu **19,375** fois plus de femmes entre 1958 et 2012.

À NOTER

Un taux de variation de + 5 % (– 5 %) correspond à un coefficient multiplicateur de 1,05 (0,95).

6 Réviser le cours en 6 questions flash

1. Dans la démocratie directe, le **peuple** exerce directement le pouvoir politique, tandis que la démocratie représentative confie le pouvoir à des **représentants**.

2. Une démocratie doit accepter les libertés fondamentales incarnées par la **société civile organisée**. Celle-ci doit pouvoir s'opposer, sous conditions, aux décisions des représentants politiques si le peuple juge qu'elles nuisent à l'intérêt général.

3. Le président contrôle l'activité de son gouvernement, car il **nomme le Premier ministre** puis accepte ou non les membres du gouvernement et peut les révoquer.

4. L'Assemblée nationale peut s'opposer au gouvernement, soit **en ne votant pas les lois** proposées, soit en posant une **motion de censure**.

5. Dans un régime parlementaire, la séparation des pouvoirs est **souple**. Le gouvernement possède le véritable pouvoir exécutif, mais est nommé par le pouvoir législatif. Les deux pouvoirs peuvent se révoquer mutuellement.

6. Dans un régime présidentiel, la stabilité politique est assurée par une **stricte** séparation des pouvoirs. L'exécutif et le législatif sont élus au suffrage universel, aucun des deux ne peut révoquer l'autre et chacun a son domaine d'action.

OBJECTIF BAC

7 Raisonnement

- Le régime politique peut être organisé conformément à la **démocratie représentative**, c'est-à-dire que la population choisit ses représentants politiques. Cependant, le jeu des élections ou l'apparition de professionnels de la politique peut conduire à une mauvaise représentation de certaines catégories.
- Les **classes populaires** sont mal représentées à l'Assemblée nationale française, cœur du pouvoir législatif : on constate que la part des ouvriers et employés y est en général inférieure à 5 %, sauf en 1936 et 1946 (doc. 1), dates marquées par un rapport de force favorable aux classes populaires.
- On constate que les **cumuls des mandats** (doc. 2) sont devenus courants sous la Ve République, ce qui témoigne d'une professionnalisation de la vie politique, et d'une trop forte présence de quelques hommes politiques dans les institutions.
- En somme, la démocratie représentative peine à élire des représentants suffisamment **représentatifs de sa population** et à **renouveler ses dirigeants**.

Comment s'organise la compétition politique ?

Le débat avant le premier tour des présidentielles de 2017 en présence des représentants des principaux partis a été suivi par plus de 6 millions de Français.

30 Quelle est l'influence des modes de scrutin ?

En bref *Une démocratie doit offrir aux électeurs la possibilité de voter pour divers partis, représentants des positions politiques différentes. Pour cela, il existe plusieurs modes de scrutin.*

I Les différents modes de scrutin

1 Majoritaires ou proportionnels, directs ou indirects

- Le **mode de scrutin** est **majoritaire** si le gagnant emporte la totalité du pouvoir. Il est **proportionnel** lorsque le pouvoir est partagé selon les votes obtenus.

> **MOT CLÉ**
> Le **mode de scrutin** désigne le processus par lequel des électeurs désignent leurs représentants dans le cadre d'une élection.

- Un scrutin universel (ouvert à tous) peut-être **direct**, lorsque tous les électeurs votent directement pour leur candidat, ou **indirect**, lorsque de « grands électeurs » élus dans un premier temps votent ensuite pour un candidat.

2 Les autres variantes

- Le scrutin est soit **uninominal**, si un seul candidat est élu, comme lors de nos élections présidentielles, soit **plurinominal** (ou « de liste »), si plusieurs candidats sont élus en même temps, par exemple lors des élections municipales.
- Il peut se dérouler en **un tour** ou en **deux tours**. Dans ce dernier cas, seuls les candidats gagnants au premier tour participent au nouveau vote (second tour).

II Le mode de scrutin majoritaire

1 Avantages

- La simplicité du scrutin majoritaire à un tour incite les électeurs à y participer. Il permet d'offrir une **majorité** à un parti politique qui aura donc un véritable pouvoir de décision pour mener les changements pour lesquels il a été élu.
- Lorsqu'il se déroule en deux tours, il permet la présence d'une grande diversité de candidats, donc d'un véritable choix pour les électeurs. Au second tour, il encourage les accords entre candidats pour une meilleure **stabilité politique**.

2 Inconvénients

- Le scrutin majoritaire **déforme la réalité sociale** : un parti peut remporter l'élection alors qu'il n'a pas été choisi par une majorité d'électeurs. Par exemple, Chirac a obtenu 20 % des suffrages exprimés au premier tour en 2002, et Macron 24 % en 2017.

- Il **provoque une polarisation** de la vie politique avec en général deux partis politiques qui se partagent le pouvoir à tour de rôle.
- Il ne permet pas aux petits partis d'être représentés et **incite au vote « utile »** au premier tour : les électeurs votent non pas pour le candidat qu'ils préfèrent mais pour celui qui a une chance de l'emporter.

III Le mode de scrutin proportionnel

1 Avantages

- Il favorise le **partage du pouvoir** entre les pouvoirs politiques et impose davantage d'alliances et de **coopérations** entre les différents élus.
- Il reflète mieux la **réalité sociale** que le scrutin majoritaire. Les partis politiques, donc le choix des électeurs, sont mieux représentés.

2 Inconvénients

- Il présente le risque d'une **multiplication de petits partis** qui rend le choix complexe pour l'électeur, et d'une dispersion des suffrages.
- L'absence de majorité peut entraîner une **instabilité du pouvoir**.

zoOm

Les élections présidentielles de 2017 (1er tour)

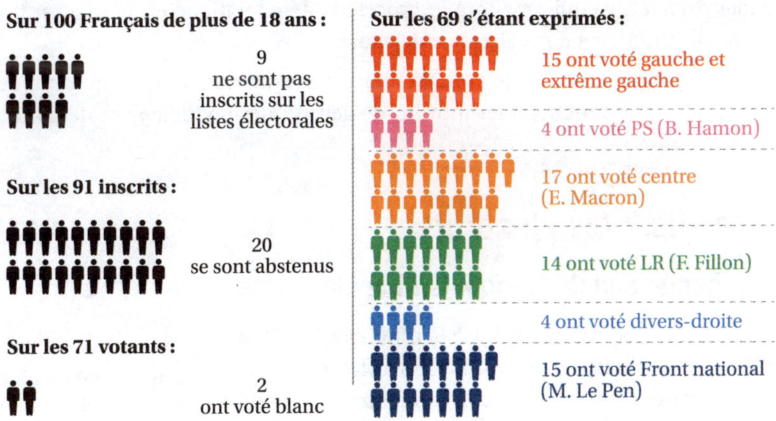

- Ce document prend en compte tous les Français âgés de plus de 18 ans, et pas seulement ceux qui ont pris part au vote. Il minore donc le pourcentage de chaque candidat par rapport aux résultats officiels.
- Ainsi, si Macron a attiré 24 % des suffrages au premier tour, cela ne représente que 17 % des Français de plus de 18 ans.

31 Quel est le rôle des partis politiques ?

En bref *Les partis politiques tiennent un triple rôle dans le bon déroulement de la vie politique. Ils sélectionnent les élites politiques, participent à la mobilisation électorale et politisent les électeurs.*

I Sélectionner des élites

1 L'organisation de la sélection des élites

- L'existence des **partis politiques** est inséparable de celle de la démocratie représentative. En effet, le peuple ne gouverne pas directement, mais par l'intermédiaire de représentants. Les partis politiques ont pour fonction de proposer des représentants.

> **MOT CLÉ**
> Un **parti politique** est un groupe de personnes qui partagent les mêmes intérêts et qui s'associent dans le but de se faire élire et d'exercer le pouvoir pour mettre en œuvre leur programme.

- Les partis politiques organisent l'émergence de candidats que les électeurs pourront ensuite élire. Cette émergence peut se faire par des élections internes entre militants ou durant des « primaires » ouvertes à tous.

2 Les effets sur le processus démocratique

- Les candidats qui ont l'investiture, donc la validation, d'un parti sont davantage identifiables, ce qui améliore le processus démocratique en permettant aux électeurs de choisir en connaissance de cause.
- Le parti politique assure le financement des candidats et de leur campagne politique, leur donnant ainsi les moyens de devenir des politiciens professionnels connus de tous.

II Mobiliser les électeurs

1 L'organisation de la mobilisation électorale

- Chaque parti politique organise la **mobilisation électorale** en structurant et diffusant son offre politique. Pour ces raisons, il dispose d'une hiérarchie constituée d'un porte-parole, d'un responsable de tel ou tel domaine, etc.
- Il a une fonction programmatique, c'est-à-dire qu'il établit un programme constitué de valeurs à défendre et prises de position particulières. Il propose ainsi une idéologie et une vision du monde propres.

> **MOT CLÉ**
> La **mobilisation électorale** est l'ensemble des actions mises en œuvre pour structurer et diffuser une offre politique et persuader les électeurs de la soutenir grâce à leur vote.

2 | Les effets sur la participation électorale

- Le parti doit **persuader les électeurs** de participer aux élections, en expliquant pourquoi elles sont essentielles pour la vie démocratique.
- Il cherche à travers son programme à **satisfaire les électeurs** mais aussi ses propres militants pour les inciter à participer à la vie politique. Il diffuse son programme dans les médias, en organisant des meetings, en distribuant des tracts et en étant présent sur les réseaux sociaux.

III Politiser les électeurs

1 | La socialisation des électeurs

- Les partis politiques socialisent les électeurs en leur transmettant des **valeurs** et **normes politiques**. Les élections constituent les temps forts de cette socialisation.
- Les partis fournissent aux électeurs un **moyen légitime** d'exprimer leur mécontentement, ce qui évite des réactions violentes ou des révolutions.

2 | L'organisation du débat politique

- Un parti politique peut transformer un fait divers en fait social, puis en **fait politique**. Par exemple, un acte délinquant (fraude fiscale) peut devenir un problème public (fraude des grandes entreprises) et déclencher un débat politique.
- En s'opposant aux autres partis, les partis alimentent le **débat politique**.

zoOm

Combien de militants politiques en France ?

Le nombre de militants politiques reste assez important, mais les effectifs baissent tendanciellement. Au 1er janvier 2016, le Parti socialiste (PS) déclarait 135 833 militants et le parti Les Républicains (LR) 238 208.

32 Quel est le rôle de la société civile organisée et des médias ?

En bref *Les partis politiques et les électeurs ne sont pas les seuls à faire vivre la démocratie. D'une part, la société civile organisée, composée des associations, syndicats et mouvements sociaux, d'autre part, les médias, y participent aussi.*

I Le rôle de la société civile organisée

1 Coopérer avec les partis politiques

■ Les syndicats coopèrent avec les partis politiques pour trouver des solutions politiques. Par exemple, ils négocient lors des réformes de l'assurance-chômage.

■ En cas de réforme, les **groupes d'intérêt** sont aussi consultés et participent plus ou moins directement à la rédaction des lois.

■ Les associations peuvent siéger dans des instances officielles. Ainsi, le Mouvement associatif, regroupement de 600 000 associations, siège au Conseil économique, social et environnemental.

MOT CLÉ
Un **groupe d'intérêt** est un ensemble de personnes organisé pour influencer les autorités dans le but de défendre un intérêt particulier (ex. : celui de l'industrie automobile).

2 Influencer les partis politiques

■ Les groupes d'intérêt font pression sur les partis politiques pour orienter les décisions. Certains, constitués d'intellectuels ou de personnalités, servent de « réservoirs d'idées » pour les partis politiques (ex. : Terra Nova, proche du Parti socialiste ; l'Institut Montaigne, proche des Républicains) : ils rédigent des rapports d'expertise sur des sujets de société.

■ La plupart, cependant, défendent les intérêts de certaines professions ou de secteurs industriels, parfois au détriment de l'intérêt général. Selon la journaliste Stéphane Horel (*Lobbytomie*, 2018), l'influence des groupes d'intérêt menacerait la société démocratique.

3 Entrer en conflit avec les partis politiques

■ Les mouvements sociaux portent des revendications qu'ils souhaitent imposer aux partis politiques. Pour cela, ils organisent, parfois avec l'appui des syndicats, des conflits (grèves, manifestations).

■ Les mouvements sociaux classiques ont recours à des moyens traditionnels (syndicalisme, grève, manifestation) et défendent des valeurs matérialistes (pouvoir d'achat).

■ Ils se distinguent des « nouveaux mouvements sociaux », qui privilégient des moyens tels que les collectifs et les pétitions sur Internet, et expriment des revendications non matérialistes (ex. : protection de l'environnement).

II L'influence des médias

1 Les médias : un « quatrième pouvoir »…

- L'existence de médias libres et pluriels est fondamentale dans une démocratie : on parle de « quatrième pouvoir ». Les médias informent les citoyens sur les faits politiques, sociaux, etc. Ils contribuent ainsi à **structurer l'opinion publique**.
- Ils peuvent **construire des problèmes publics**. En menant des investigations, ils révèlent au grand jour des dysfonctionnements de nos sociétés. Mais ils peuvent aussi, par exemple, créer un climat d'insécurité en multipliant les informations sur des faits d'agressions.
- On parle alors d'**effet d'amorçage** : les médias incitent les partis à apporter une réponse politique aux messages qu'ils véhiculent.

2 … ou de « nouveaux chiens de garde » ?

- Les médias ne sont pas « neutres » : selon la façon dont ils traitent l'information, ils en **modifient la perception**. En outre, ils doivent faire face à des contraintes économiques face à leurs financeurs ou aux annonceurs.
- Ils peuvent alors être tentés de jouer sur **l'émotion ou le scandale**, supposés plus payants en termes d'audience, au détriment de la réflexion. Seraient-ils, alors, comme le pense Serge Halimi, les « nouveaux chiens de garde » des puissants ?

zoOm

La confiance dans les médias

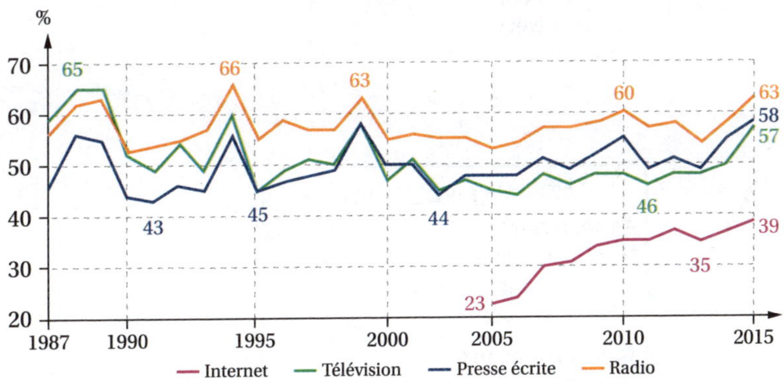

Source : *La Croix*/TNS-Sofres.

- En France, selon ce sondage, en 2015, seulement 57 % des Français pensent que la télévision restitue les faits comme ils se sont passés.
- La méfiance envers les médias classiques (télévision, presse écrite) s'accroît. Elle pousse les citoyens à se tourner vers les réseaux sociaux ou vers des médias alternatifs en ligne.

MÉMO VISUEL

LA COMPÉTITION

L'influence des modes de scrutin

Différents modes de scrutin
- majoritaire/proportionnel
- un tour/deux tours
- direct/indirect
- uninominal/plurinominal

Le scrutin majoritaire

⊕ **Avantages**
- réel pouvoir de la majorité élue
- stabilité politique

⊖ **Inconvénients**
- polarisation de la vie politique
- représentation infidèle du corps électoral

Le scrutin proportionnel

⊕ **Avantages**
- coopération entre plusieurs partis
- représentation fidèle du corps électoral

⊖ **Inconvénients**
- multiplication des petits partis politiques
- instabilité politique

POLITIQUE

Le rôle des partis politiques

Sélectionner des élites
- faire émerger les candidats éligibles
- renforcer le processus démocratique
- financer la campagne des candidats

Mobiliser les électeurs
- stimuler la participation électorale
- présenter un programme politique

Politiser les électeurs
- transmettre des valeurs et normes politiques
- transformer les problèmes quotidiens en problèmes politiques
- permettre de s'exprimer pacifiquement

Le rôle de la société civile organisée et des médias

La société civile organisée
- coopère avec le pouvoir
- influence le pouvoir
- entre en conflit avec le pouvoir

Les médias
- structurent l'opinion publique
- construisent des problèmes publics (« effet d'amorçage »)
- ne sont pas neutres

SE TESTER QUIZ

Vérifiez que vous avez bien compris les points clés des **fiches 30 à 32**.

1 L'influence des modes de scrutin

→ FICHE 30

1. Le scrutin majoritaire a pour avantage(s)…

☐ **a.** de représenter les petits partis politiques.
☐ **b.** de donner le pouvoir à une majorité.
☐ **c.** de rendre le pouvoir instable.

2. Le scrutin proportionnel a pour inconvénient(s)…

☐ **a.** de multiplier les petits partis politiques.
☐ **b.** de rendre le pouvoir instable.
☐ **c.** de polariser la vie politique.

2 Le rôle des partis politiques

→ FICHE 31

1. Les partis politiques ont notamment pour rôle…

☐ **a.** de sélectionner les élites politiques.
☐ **b.** de gouverner contre le peuple.
☐ **c.** de financer les campagnes des candidats.

2. Pour un parti politique, la mobilisation électorale consiste à…

☐ **a.** inciter les électeurs à voter.
☐ **b.** inciter les électeurs à voter pour un certain parti.
☐ **c.** faire des élections un enjeu.

3. Pour un parti politique, la politisation des électeurs consiste à…

☐ **a.** transmettre des normes et valeurs aux électeurs.
☐ **b.** permettre aux électeurs d'exprimer leur avis pacifiquement.
☐ **c.** proposer un programme.

3 Le rôle de la société civile organisée et des médias

→ FICHE 32

1. Parmi ces groupes, lesquels appartiennent à la société civile organisée ?

☐ **a.** Les syndicats
☐ **b.** Les associations
☐ **c.** Les mouvements sociaux

2. La société civile organisée a pour objectif…

☐ **a.** d'influencer le pouvoir.
☐ **b.** de coopérer avec le pouvoir.
☐ **c.** de prendre le pouvoir.

3. Quel rôle jouent les médias dans la vie politique ?

☐ **a.** Ils conseillent le pouvoir.
☐ **b.** Ils structurent l'opinion publique.
☐ **c.** Ils construisent certains problèmes publics.

S'ENTRAÎNER

4 Comprendre le vocabulaire du cours

→ FICHES 30 à 32

Reliez chaque notion à sa définition.

mode de scrutin •	• groupe de personnes qui s'associent pour se faire élire et mettre en œuvre leur programme
parti politique •	• processus permettant de désigner des représentants par des électeurs
mobilisation électorale •	• groupes structurés qui participent au bon fonctionnement de la démocratie
société civile organisée •	• actions qui visent à structurer et diffuser une offre politique pour attirer les suffrages des électeurs

5 Comprendre un tableau statistique

→ FICHE 35

Document **Temps d'antenne des candidats en heures et en part (%) et résultats aux présidentielles de 2017**

	Macron	Le Pen	Fillon	Mélenchon
temps d'antenne en heures	79 h 33	44 h 25	38 h 01	14 h 48
temps d'antenne en part	37,1 %	20,8 %	17,8 %	6,9 %
résultat au 1er tour	24,0 %	21,3 %	15,16 %	14,84 %

D'après CSA, février 2017.

1. Faites une phrase avec les valeurs « 37,1 % » et « 79 h 33 ».
2. Additionnez les différentes parts de temps d'antenne et commentez ce résultat.
3. Comment les parts de temps d'antenne ont-elles été calculées ?

Savoir-faire

Calculer une proportion ou un pourcentage de répartition

- Pour calculer une **proportion** (ou part), il faut diviser l'effectif de la partie étudiée par l'effectif total. Pour un **pourcentage**, on effectue le même calcul, puis on le multiplie par cent.
- Calculer la part ou le pourcentage permet de mesurer l'importance d'une donnée, le poids d'un sous-ensemble au sein d'un ensemble.

6 Réviser le cours en 6 questions flash

→ FICHES 30 à 32

1. Quels sont les différents modes de scrutin ?
2. Qu'est-ce qui différencie le mode de scrutin majoritaire du mode de scrutin proportionnel ?
3. Quels sont les trois rôles sociaux assumés par les partis politiques ?
4. Pourquoi la politisation des électeurs limite-t-elle les conflits violents ?
5. Pourquoi les syndicats coopèrent-ils avec le pouvoir politique ?
6. En quoi les médias contribuent-ils à construire des problèmes publics ?

OBJECTIF BAC

7 Le poids des partis politiques dans les élections • Raisonnement

1 h 20

Cet exercice vous propose une méthode pour mettre en relation deux documents.

LE SUJET

Quels liens peut-on faire entre les dépenses de campagne et les résultats aux élections présidentielles de 2017 en France ?

Document 1 Les dépenses de campagne pour l'élection présidentielle 2017 (en millions d'euros)

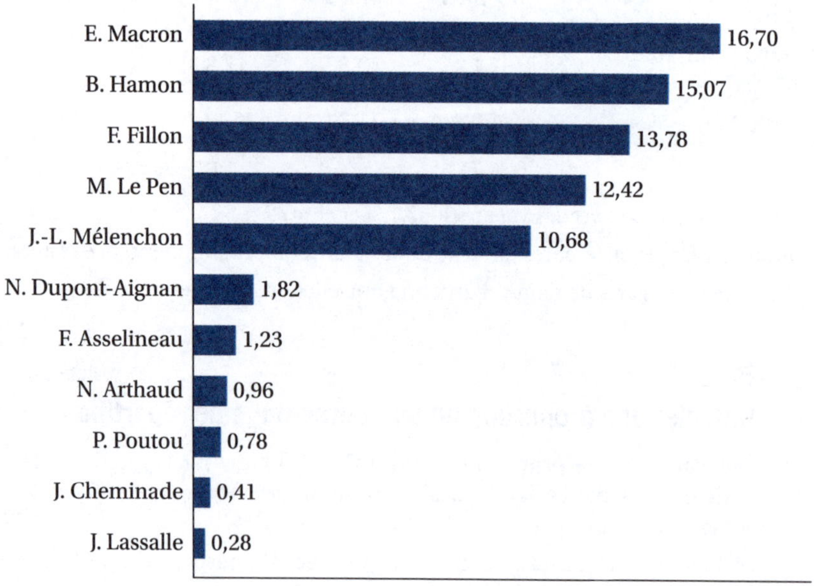

Source : Conseil constitutionnel, *JO*, 3 août 2017.

Document 2 **Nombre de voix obtenues par candidat au premier tour de l'élection présidentielle de 2017**

Candidats	Voix	
	Nombre	% des inscrits
M. Emmanuel Macron	8 657 326	18,19
Mme Marine Le Pen	7 679 493	16,14
M. François Fillon	7 213 797	15,16
M. Jean-Luc Mélenchon	7 060 885	14,84
M. Benoît Hamon	2 291 565	4,82
M. Nicolas Dupont-Aignan	1 695 186	3,56
M. Jean Lassalle	435 365	0,91
M. Philippe Poutou	394 582	0,83
M. François Asselineau	332 588	0,70
Mme Nathalie Arthaud	232 428	0,49
M. Jacques Cheminade	65 598	0,14
Total	36 058 813	75,78

Méthode

Mettre en relation des documents

Étape 1 Identifier et comprendre chaque document

- Commencez par repérer la nature, le titre, la source et la date de chaque document.
- Lisez et analyser brièvement le contenu de chaque document pour en dégager l'idée essentielle.

Étape 2 Trouver les points communs entre les documents

- Les deux documents sont complémentaires : recherchez des thématiques ou caractéristiques communes. Observez dans quelle mesure le champ, l'espace et la période considérés se recoupent : *a priori*, ils sont proches.
- Étudiez en quoi les informations d'un document sont complétées ou contredites par l'autre document. Quelles questions cela fait-il émerger ?

Étape 3 Mener une analyse croisée et fusionner les données

- Dans le cas d'un document statistique et d'un texte, utilisez les données chiffrées du premier pour illustrer une citation du second.
- Avec les données de plusieurs documents statistiques, calculez de nouveaux indicateurs.

Étape 4 Construire la réponse → MÉTHODE p. 184

▶▶▶ LA FEUILLE DE ROUTE

Étape 1 Identifier et comprendre chaque document

- Le **document 1** est un diagramme présentant les dépenses de campagne de 11 candidats à l'élection présidentielle de 2017.
- Le **document 2** fournit, dans un tableau, le nombre de voix obtenues par ces 11 candidats au premier tour de cette même élection.

Étape 2 Trouver les points communs entre les documents

- Les deux documents traitent de l'élection présidentielle de 2017, et présentent des données concernant les **mêmes candidats** du premier tour.
- Ils permettent de s'interroger : y a-t-il une **corrélation** entre le budget de campagne d'un candidat et le nombre de voix qu'il a obtenues ?

Étape 3 Mener une analyse croisée et fusionner les données

Avec les données des deux documents, on peut calculer le **nombre d'euros dépensés par voix obtenue**.

Étape 4 Construire la réponse

On peut commencer par établir le lien de corrélation entre dépenses de campagne et nombre de voix obtenues. Puis, on cherchera à montrer ce que fait apparaître le calcul de la quantité d'euros dépensés par voix obtenue pour chaque candidat.

→ CORRIGÉ p. 168

CORRIGÉS

▶ SE TESTER QUIZ

1 L'influence des modes de scrutin

1. Réponse b. Le scrutin majoritaire a pour avantage de donner le pouvoir à une majorité.

2. Réponses a et b. Le scrutin proportionnel a pour inconvénients une multiplication des petits partis politiques et l'instabilité du pouvoir.

2 Le rôle des partis politiques

1. Réponses a et c. Les partis politiques ont notamment pour rôle de sélectionner les élites politiques et de financer les campagnes politiques des candidats.

2. Réponses a, b et c. Le parti politique incite les électeurs à participer aux élections en sa faveur, donc à faire des élections un événement important.

3. Réponses a et b. Pour un parti politique, la politisation des électeurs consiste à transmettre des normes et valeurs aux électeurs, et à leur permettre d'exprimer leur avis pacifiquement (proposer un programme relève de la mobilisation électorale).

3 Le rôle de la société civile organisée et des médias

1. Réponses a, b et c. Syndicats, associations et mouvements sociaux appartiennent à la société civile organisée.

2. Réponses a et b. La société civile organisée a pour objectifs d'influencer le pouvoir et de coopérer avec lui.

3. Réponses b et c. Les médias structurent l'opinion publique et peuvent construire certains problèmes publics. On leur reproche parfois d'être trop proches du pouvoir.

S'ENTRAÎNER

4 Comprendre le vocabulaire du cours

- Mode de scrutin : processus de désignation des représentants par des électeurs.
- Parti politique : groupe de personnes qui s'associent pour se faire élire et mettre en œuvre leur programme.
- Mobilisation électorale : actions qui visent à structurer et diffuser une offre politique pour attirer les suffrages des électeurs.
- Société civile organisée : groupes structurés qui participent au bon fonctionnement de la démocratie.

5 Comprendre un tableau statistique

1. En février 2017, le temps d'antenne du candidat Macron a été de 79 h 33, soit 37,1 % du temps d'antenne de l'ensemble des candidats.

2. En additionnant les parts en pourcentage du temps d'antenne des candidats, on obtient 83 %. Ce total est inférieur à 100 %, car il manque des candidats.

3. La part de temps d'antenne en pourcentage a été calculée en divisant le temps d'antenne de chaque candidat en heures (ligne 2) par le temps total d'antenne en heures (inconnu ici) et en multipliant par cent le résultat.

6 Réviser le cours en 6 questions flash

1. Le mode de scrutin peut être majoritaire, proportionnel ou les deux à la fois (mixte). Il peut aussi être uninominal (un seul gagnant) ou plurinominal, direct ou indirect. Enfin, il peut se dérouler en un ou deux tour(s).

2. Le mode de scrutin majoritaire vise à nommer un seul parti gagnant qui gouvernera seul, alors que le scrutin proportionnel vise à attribuer le pouvoir à plusieurs partis proportionnellement aux suffrages obtenus.

3. Un parti politique a trois rôles : sélectionner les élites, assurer la mobilisation électorale et politiser les électeurs.

4. En apprenant aux électeurs les **règles du jeu électoral** et en les poussant à y participer, les partis politiques permettent aux électeurs d'exprimer leur avis par le jeu pacifique des élections.

5. Les syndicats coopèrent avec le pouvoir politique pour assurer la **pacification de la contestation**, apporter leur **expertise** et tenter d'imposer leur **point de vue**.

6. En multipliant les **informations sur des faits similaires** ou en menant des **investigations sur des dysfonctionnements** de nos sociétés, les médias contribuent à attirer l'attention sur certains sujets.

OBJECTIF BAC

7 Raisonnement

■ En croisant les deux documents, nous constatons que les **partis politiques qui ont le moins dépensé** ont tous eu des **scores très faibles** au 1er tour des présidentielles. Les cinq à avoir dépensé plus de 10 millions d'euros (Macron, Hamon, Fillon, Le Pen, Mélenchon) ont obtenu plus de 14 % des voix (par rapport au nombre d'inscrits), à l'exception de Hamon qui n'a obtenu que 4,82 % des voix.

CONSEIL
Pour étudier un document, commencez toujours par identifier les grandes tendances, puis isolez les cas particuliers significatifs.

■ Si on ramène les sommes dépensées pour la campagne (doc. 1) au nombre de voix obtenues (doc. 2), une **nouvelle hiérarchie** apparaît. C'est Hamon qui a dépensé le plus (6,98 € par voix), suivi de Cheminade (6,30 € par voix). Finalement, les grands partis ont dépensé moins **par voix obtenue** que les petits : la dépense s'étend de 1,51 € (Mélenchon) à 1,93 € (Macron).

Quelles relations entre le diplôme, l'emploi et le salaire ?

L'annonce des résultats du bac est un moment riche en émotions. Qu'il soit le reflet des efforts individuels ou d'une inégalité des chances, le bac ouvre vers les études supérieures et favorise l'insertion professionnelle.

33 En quoi les études sont-elles un investissement en capital humain ?

En bref *Si l'on considère les individus d'une société comme des « ressources productives », leur capacité à participer à la production peut être considérée comme un capital humain, et la poursuite d'études comme un investissement. Différents agents économiques ont alors intérêt à la financer.*

I Augmenter le capital humain de l'individu

1 Pourquoi le développer ?

■ Selon Theodore Schultz (1961), les individus développent leur **capital humain** afin d'**augmenter leur revenu**. En effet, le niveau de revenu s'élève en moyenne avec le niveau de diplôme → FICHE 34.

> **MOT CLÉ**
> Le **capital humain** est le stock de ressources productives incorporées aux individus, constitué des savoirs acquis par l'éducation ou l'expérience, de leur santé et de leur connaissance du système économique.

■ En outre, le capital humain **améliorerait les interactions sociales** : les connaissances d'un individu peuvent en effet lui permettre de mieux anticiper les besoins, envies et attentes de son entourage et ainsi faciliter son intégration à des activités professionnelles, associatives, amicales, etc. D'autant plus s'il a une santé suffisante pour se livrer à ces pratiques.

■ Au total, en augmentant son capital humain, un individu augmente ses **capabilités**, c'est-à-dire la possibilité de choisir ses objectifs et de les atteindre.

2 Comment le développer ?

■ Adam Smith → FICHE 1 évoquait le fait que développer ce capital humain avait un **coût pour l'individu**. Il s'agit non seulement des dépenses réalisées pour se former ou améliorer sa santé, mais également des revenus dont les individus se privent en poursuivant leurs études, nommés « coûts d'opportunité ».

■ Pour augmenter sa **qualification**, un individu peut recourir à la **formation initiale** à l'école puis dans l'enseignement supérieur ; et à la **formation continue** qui s'adresse aux actifs en emploi ou au chômage. L'importance de celle-ci s'accroît avec l'allongement de l'espérance de vie et l'évolution des métiers.

> **MOT CLÉ**
> La **qualification** désigne la capacité à exercer un métier déterminé ; elle est mesurée par le niveau de diplôme et l'expérience professionnelle.

II Augmenter le capital humain de l'économie

1 Pourquoi le développer ?

■ L'augmentation du niveau moyen de capital humain d'une économie favorise sa **croissance économique** → FICHE 11. En effet, une population plus instruite peut exercer des emplois plus complexes et innover → FICHE 8. La productivité → FICHE 7 qui en résulte est source de **revenus supplémentaires** destinés à l'éducation.

■ La hausse du capital humain entraîne également des **externalités positives**, c'est-à-dire des effets qui améliorent le bien-être d'individus qui n'ont pas eu à payer pour cela : les enfants de parents qualifiés sont avantagés dans l'accumulation de capital humain. Selon certaines enquêtes, un niveau élevé de capital humain dans une économie **favorise l'engagement civique et social** et **réduit la criminalité**.

2 Comment le développer ?

■ Les **politiques éducatives**, en allongeant la durée de scolarité obligatoire et en favorisant l'élévation des qualifications, joue un rôle important.

■ Mais d'autres politiques peuvent y contribuer. La **politique familiale**, en augmentant le nombre de places en crèche et les allocations familiales, aide les parents et stimule la natalité. La **politique sociale** met en œuvre des prestations visant à réduire les inégalités, afin de maintenir la cohésion sociale. La **politique de santé** contribue à la bonne santé des travailleurs.

zoOm

La dépense intérieure d'éducation en France

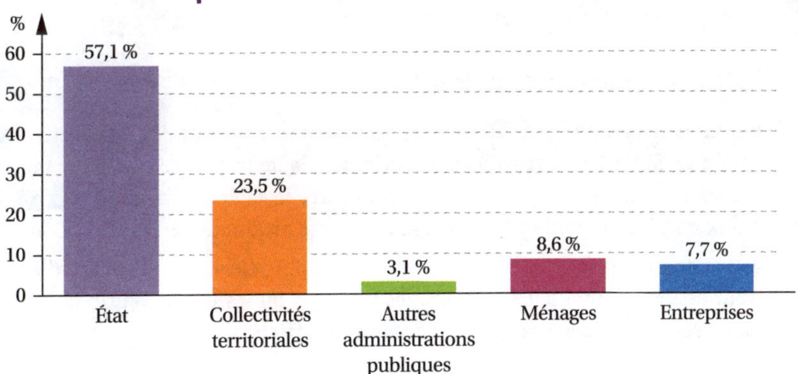

Source : Éducation nationale, 2018.

■ La dépense intérieure d'éducation (DIE) mesure l'effort consenti par la nation pour le fonctionnement et le développement du système éducatif. Elle représentait 154,6 milliards d'euros en France en 2017.

■ 83,7 % de la dépense intérieure d'éducation provient des administrations publiques, 7,7 % des ménages et 8,5 % des entreprises.

34 Comment le niveau des salaires est-il déterminé ?

En bref *Le niveau des salaires dans l'économie dépend de plusieurs facteurs : il peut certes être fixé conventionnellement en fonction du niveau de qualification du salarié ; mais il dépend également de logiques marchandes et étatiques.*

I Le niveau de qualification

1 Le niveau de diplôme

- En France, la loi reconnaît aux employeurs la possibilité de faire varier les salaires en fonction du niveau de diplôme des salariés.
- Dans le secteur privé, la relation entre le niveau de diplôme et le niveau de salaire peut être fixée par des **conventions collectives**.

MOT CLÉ
Une **convention collective** est un accord écrit issu d'une négociation entre syndicats de salariés et d'employeurs.

2 L'expérience professionnelle

L'expérience, ou ancienneté, est également une composante de la qualification. En France, elle est reconnue par la loi et peut permettre à un salarié d'accéder à un salaire plus élevé que celui associé à son diplôme.

II Les logiques marchandes et administratives

1 L'offre et la demande de travail

- Selon les néoclassiques, le salaire correspond au prix du travail ; il doit être fixé sur le marché. Si l'offre de travail est supérieure à la demande de travail, le salaire doit baisser ; et *vice versa*. Au salaire d'équilibre, le facteur travail → FICHE 7 se louera aux employeurs qui en tireront la meilleure productivité.
- Il arrive que les employeurs offrent un salaire plus élevé que le salaire d'équilibre pour attirer les meilleurs salariés, les fidéliser, ou les inciter à être plus productifs. Le salaire versé est alors appelé salaire d'efficience.

2 L'intervention des administrations publiques

- Afin de limiter les inégalités de revenus, l'État français impose un salaire minimum et maximum.
- Les administrations de sécurité sociale (ASSO) peuvent faire varier le niveau des **salaires bruts** en augmentant ou baissant les cotisations sociales.

MOT CLÉ
Le **salaire brut** est égal à la somme du salaire net et des cotisations sociales payées par le salarié.

III Les autres facteurs de variation des salaires

1 Le genre

■ À diplôme égal, les femmes sont payées en moyenne **35 % de moins** que les hommes.

■ Cette inégalité est le résultat de **nombreuses causes** : en moyenne, les femmes travaillent moins souvent à temps complet, font moins d'heures supplémentaires, possèdent des diplômes et exercent des emplois moins valorisés, et sont victimes de discriminations dans l'accès aux postes d'encadrement.

2 La taille de l'entreprise

■ En moyenne, les **salaires augmentent avec la taille des entreprises**. Dans les entreprises de 500 salariés et plus, les salaires sont près de deux fois plus élevés que dans les entreprises de un à quatre salariés.

■ En effet, les grandes entreprises offrent davantage de **postes qualifiés**, ainsi que divers **avantages** (assurance complémentaire, primes, formation, etc.).

zoOm

Rémunération des métiers de la cuisine en France

Statut	Employé qualifié	Agent de maîtrise	Cadre
Niveau et échelon	III – 3	IV – 1	V – 3
Rémunération horaire brute (€)	10,97	11,13	21,55
Niveau minimum requis	BEP + 2 ans sur poste III échelon 2	BTS/BAC + connaissances en hygiène de sécurité et conditions de travail	BAC+3 + 2 ans sur poste V échelon 2
Second de cuisine	✓	✓	
Chef de rang		✓	
Chef de cuisine		✓	✓

Source : Convention collective nationale des hôtels, cafés et restaurants.

■ Un chef de cuisine peut prétendre à un salaire horaire de 11,13 € s'il est titulaire du bac ou d'un BTS, et occupe un emploi exigeant des connaissances sur l'hygiène de sécurité et les conditions de travail.

■ Il peut prétendre à un salaire horaire de 21,55 € s'il a un diplôme de niveau bac+3 et deux ans d'expérience à un poste de niveau V échelon 2.

35 Quelles sont les causes du chômage ?

En bref *Il existe une corrélation entre niveau de chômage et niveau de qualification. Mais celle-ci n'est pas la seule explication au chômage. D'autres facteurs interviennent : le niveau des salaires ou la demande des consommateurs.*

I Le défaut de qualification

1 Un niveau de qualification insuffisant

■ Selon Michael Spence, le **diplôme** agit comme un « signal » qui prouve à l'employeur la compétence du salarié ; les employeurs auront alors tendance à se détourner des candidats les moins diplômés au profit des plus diplômés. En outre, le nombre d'emplois accessibles sans diplôme recule depuis 30 ans.

■ On observe ainsi une **corrélation négative** entre le niveau de qualification et le niveau de **chômage** : plus le niveau de diplôme et/ou l'expérience est faible, plus le risque de chômage est élevé.

MOT CLÉ
Selon l'Insee, sont au **chômage** les personnes de 15 ans et plus, privées d'emploi et en recherchant un.

2 Une qualification inadaptée

■ Il peut exister un **décalage** entre les qualifications des travailleurs et celles recherchées par les employeurs. Ainsi, certains secteurs peinent à trouver du personnel qualifié : en 2016, 72 % des employeurs projetant de recruter des vétérinaires avaient des difficultés à le faire, de même que plus de 60 % de ceux recrutant des ingénieurs en informatique ou en télécommunications.

■ En outre, un niveau de qualification élevé ne met **pas nécessairement à l'abri du chômage**. Ceci peut expliquer en partie le fait que, bien qu'il soit plus faible que celui des actifs moins diplômés, le taux de chômage des plus diplômés n'est pas nul.

■ Un tel chômage est qualifié de **structurel**, car il est durable. Il résulte d'une transformation de l'économie qui rend certaines qualifications obsolètes et inadaptées aux besoins des secteurs créateurs d'emplois. Pour le réduire, il faut faire évoluer les formations afin qu'elles répondent aux besoins des employeurs.

II Les niveaux de salaires trop élevés

■ Selon les **néoclassiques**, si le salaire est trop élevé, l'offre de travail des travailleurs sera supérieure à la demande de travail des employeurs : certains travailleurs ne trouveront pas d'emploi et seront alors au chômage (voir courbe ci-après).

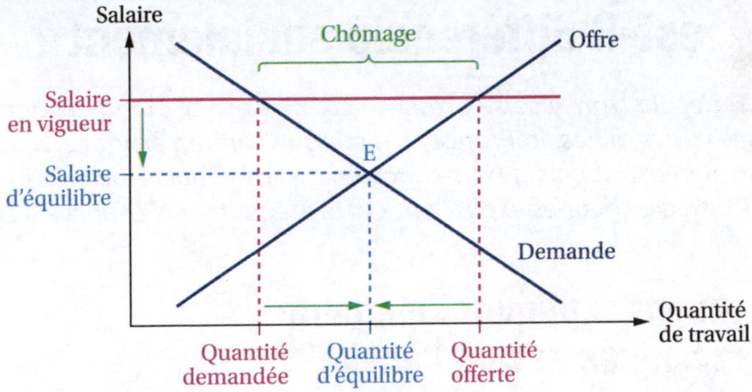

■ Cette théorie inspire l'idée qu'il faut **réduire le coût du travail** pour réduire le chômage (baisse des cotisations sociales ou suppression du salaire minimum).

III L'insuffisance de la demande

■ Pour **John Maynard Keynes**, le chômage s'explique par une insuffisance de la demande de biens et services dans l'économie.

■ Selon lui, les entreprises n'emploient que si elles ont l'assurance de pouvoir écouler les marchandises qu'elles produisent. Si elles **anticipent une demande trop faible**, elles réduiront leurs recrutements : des actifs seront alors au chômage.

zoOm

Évolution des effectifs de certains métiers

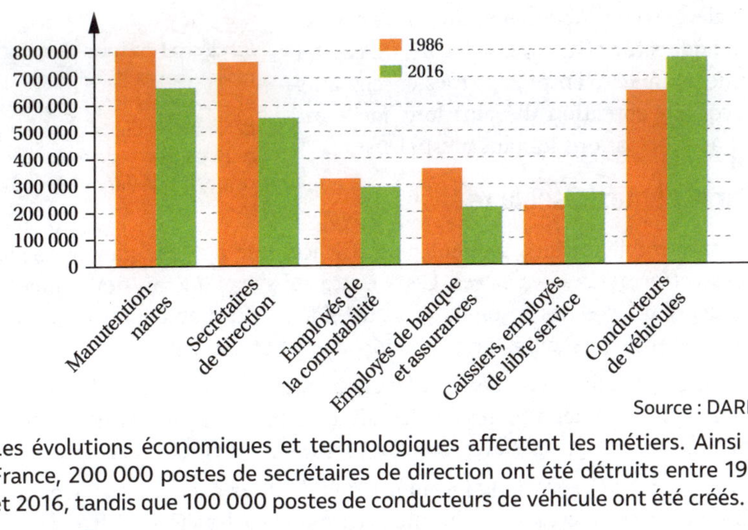

Source : DARES.

Les évolutions économiques et technologiques affectent les métiers. Ainsi en France, 200 000 postes de secrétaires de direction ont été détruits entre 1986 et 2016, tandis que 100 000 postes de conducteurs de véhicule ont été créés.

36 En quoi l'accès aux diplômes est-il différencié socialement ?

En bref *L'école française se présente comme étant méritocratique. Or, parmi les pays riches, la France se distingue comme étant celui où l'origine sociale est la plus déterminante dans les chances de réussite scolaire. Plusieurs théories expliquent cette inégalité des chances à l'école.*

I Comment expliquer l'inégalité des chances devant l'école ?

1 Par les calculs opérés par les individus

■ Le sociologue Raymond Boudon considère que les décisions des individus résultent d'un calcul rationnel : ils ne s'investissent dans leurs études que si les gains attendus (emploi, rémunération) excèdent leur coût (dépenses, temps consacré) et le risque d'échouer (individualisme méthodologique → FICHE 2).

■ Les inégalités de diplômes s'expliquent alors par des choix différents : certains font le choix de poursuivre leurs études, d'autres non. Chacun est donc responsable du niveau d'étude qu'il atteint.

2 Par les différences de capital culturel

■ Selon les sociologues Pierre Bourdieu et Jean-Claude Passeron, les méthodes et le contenu des enseignements auraient tendance à favoriser les élèves issus des catégories supérieures.

■ Ces élèves reçoivent de leurs parents un **capital culturel** qu'ils font fructifier à l'école. Ce capital crée une complicité entre eux et les enseignants qui favorise l'obtention d'évaluations facilitant l'accès aux formations les plus prestigieuses.

MOT CLÉ
La **capital culturel** désigne les ressources culturelles que possède et peut mobiliser un individu, sous la forme de biens culturels (livres, œuvres d'art), de diplômes ou de dispositions (langage, goûts, etc.).

3 Par le contexte scolaire

■ Certains établissements seraient plus efficaces que d'autres dans l'amélioration des performances des élèves. Cette efficacité s'expliquerait notamment par leur souci d'analyser les résultats de leurs élèves afin d'améliorer et de mieux articuler les enseignements. On parle alors d'effet établissement.

■ Certaines pratiques enseignantes favoriseraient la réussite des élèves : le fait que l'enseignant ait des attentes élevées, ait les mêmes attentes envers les filles et les garçons, encourage ses élèves, etc. On parle alors d'effet maître.

■ Certaines classes sont plus favorables que d'autres à la réussite scolaire. Le nombre de « bons élèves », le sentiment éprouvé par les élèves d'être dans une bonne classe, peuvent stimuler l'apprentissage. On parle alors d'effet classe.

II Comment les inégalités scolaires évoluent-elles ?

1 La massification scolaire

■ Dans les pays de l'OCDE, l'enseignement s'est **démocratisé** : dans le primaire depuis un siècle, dans le secondaire depuis une cinquantaine d'années, et dans le supérieur depuis les années 1970-80. En France, par exemple, le taux de bacheliers dans une génération est passé de 20 à 80 % environ entre 1970 et 2016.

MOT CLÉ

La **démocratisation scolaire** est l'égalisation des chances de réussite scolaire, ou, dit autrement, la réduction de l'influence de l'origine sociale dans la réussite scolaire.

■ Pour certains auteurs, il s'agirait plutôt d'une massification scolaire : certes, génération après génération, le niveau de qualification en France s'est élevé depuis un siècle ; mais les écarts de prestige et de niveaux des diplômes obtenus se maintiennent selon l'origine sociale.

2 Le maintien des inégalités entre garçons et filles

■ En France, les filles réussissent mieux à l'école que les garçons. Par exemple, 84 % d'entre elles deviennent bachelières, contre 74 % des garçons.

■ Cependant, elles s'orientent moins vers les sciences fondamentales : 30 % des ingénieurs seulement sont des femmes. Et à niveau de diplôme égal, elles occupent des emplois moins stables, moins qualifiés et moins rémunérés.

zoOm

Qui sont les bacheliers d'une génération à l'autre ?

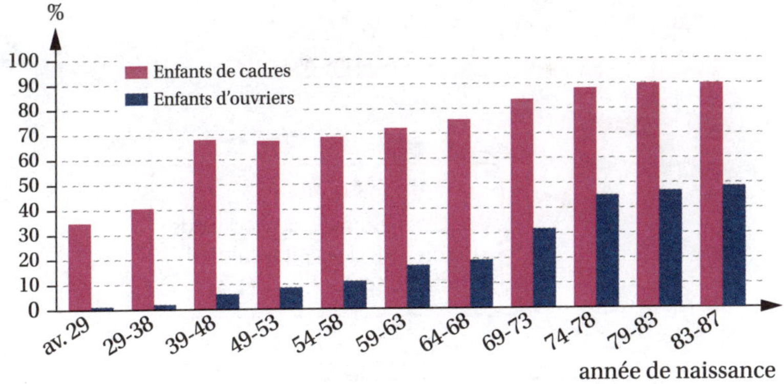

Source : Éducation nationale, 2010.

49 % des enfants d'ouvriers nés entre 1983 et 1987 sont bacheliers ; ils n'étaient que 2 % parmi les enfants nés avant 1939. Si l'écart se réduit avec les enfants de cadres, ceux-ci ont toujours des taux de réussite bien plus élevés : 89 % d'entre eux nés entre 1983 et 1987 sont bacheliers.

MÉMO VISUEL

DIPLÔME, EMPLOI

Les études, un investissement pour…

… augmenter le capital humain de l'individu

- ↗ revenu
- ↗ interactions sociales
- ↗ capabilités
- grâce à la formation initiale et à la formation continue

… augmenter le capital humain de l'économie

- ↗ croissance
- ↗ externalités positives
- grâce aux politiques éducatives, familiales, sociales

L'inégalité des chances scolaires

Causes

- calculs rationnels des individus
- différences de capital culturel
- contexte scolaire

Évolutions

- massification scolaire
- maintien des inégalités :
  - → selon le milieu d'origine
  - → entre garçons et filles

ET SALAIRE

Le salaire, déterminé par…

… le niveau de qualification
- niveau de diplôme
- expérience professionnelle

… mais aussi par d'autres facteurs
- offre et demande de travail
- intervention des administrations publiques
- genre des travailleurs
- taille des entreprises

Le chômage, causé par…

… le défaut de qualification
- niveau insuffisant
- qualification inadaptée

… mais aussi par d'autres facteurs
- salaires trop élevés (**théorie néoclassique**)

Salaires trop élevés → Offre de travail supérieure à la demande de travail → **Chômage**

- insuffisance de la demande de biens et services (**théorie keynésienne**)

Faible demande de biens et services aux entreprises → Baisse des recrutements → **Chômage**

SE TESTER QUIZ

Vérifiez que vous avez bien compris les points clés des **fiches 33 à 36**.

1 Les études, un investissement en capital humain

→ FICHE 33

1. Le capital humain est constitué…

☐ **a.** des savoirs.
☐ **b.** des savoirs et de la santé.
☐ **c.** des savoirs, de la santé et de la connaissance du système économique.

2. La qualification est mesurée par…

☐ **a.** le niveau de diplôme.
☐ **b.** le niveau de diplôme et l'expérience.
☐ **c.** le niveau de diplôme, l'expérience professionnelle et l'état de santé.

2 La détermination du niveau des salaires

→ FICHE 34

1. En France, un diplôme plus élevé…

☐ **a.** donne droit à un salaire plus élevé.
☐ **b.** augmente les chances d'avoir un salaire plus élevé.
☐ **c.** ne permet pas toujours d'avoir un salaire plus élevé.

2. À diplôme égal, les femmes sont payées moins que les hommes, en moyenne à hauteur de…

☐ **a.** 15 %. ☐ **b.** 25 %. ☐ **c.** 35 %.

3 Les causes du chômage

→ FICHE 35

1. Selon Michael Spence, le diplôme est…

☐ **a.** indispensable pour occuper un emploi en France aujourd'hui.
☐ **b.** un handicap si la qualification qu'il sanctionne n'est plus demandée.
☐ **c.** un signal qui indique la qualité du salarié.

2. Le chômage s'explique par une insuffisance de…

☐ **a.** qualification.
☐ **b.** demande de biens et services.
☐ **c.** demande de travail.

4 La différenciation sociale face aux diplômes

→ FICHE 36

1. Le capital culturel d'un individu est constitué…

☐ **a.** de ses diplômes.
☐ **b.** de ses diplômes et de ses biens culturels.
☐ **c.** de ses diplômes, de ses biens culturels et de ses dispositions culturelles.

2. Les inégalités de réussite scolaire s'expliquent par…

☐ **a.** les choix des individus. ☐ **b.** le capital culturel. ☐ **c.** le contexte scolaire.

S'ENTRAÎNER

5 Comprendre le vocabulaire du cours

→ FICHES 33 à 36

1. Reliez chaque notion à sa définition.

capital humain •	• ressources culturelles que possède et peut mobiliser un individu
capital culturel •	• faculté de choisir ses objectifs et de les atteindre
qualification •	• stock de ressources productives incorporées aux individus
capabilités •	• capacité à exercer un métier déterminé

2. Complétez le texte à trous à l'aide des mots et expressions suivants :
salaire • taux de chômage • sexe • investissement • demande de biens et services • l'écart entre l'offre et la demande de travail • capital humain

a. La poursuite d'études est un .... en .... Sa rentabilité est mesurée par les chances d'accéder à un emploi, le .... qu'elle permet d'espérer et l'évolution de ses capabilités.

b. Les personnes les plus qualifiées ont en moyenne un .... plus faible et un salaire plus élevé.

c. Mais d'autres paramètres sont à prendre en compte : ...., l'encadrement étatique des salaires, le .... des salariés et la taille des entreprises influent sur les salaires ; l'évolution des besoins des employeurs, l'offre et la .... influent, elles, sur le chômage.

6 Se repérer sur un graphique

→ FICHES 33 à 36

Document **Taux de chômage des jeunes sortis de formation initiale depuis un à quatre ans**

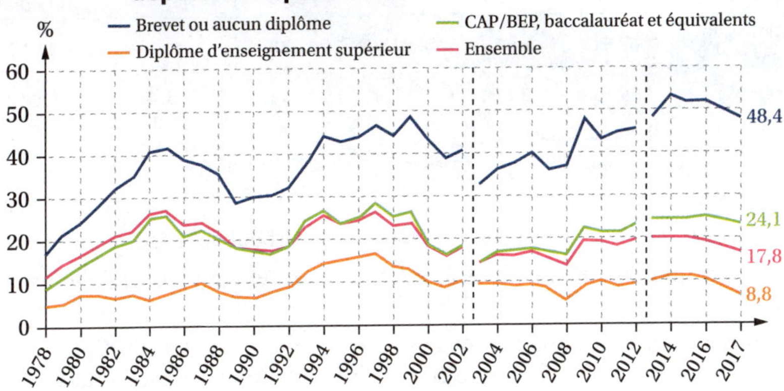

Source : Insee.

1. Comment se calcule un taux de chômage ?

2. Montrez que le taux de chômage est corrélé au niveau de diplôme.

3. Comment expliquer que des diplômés du supérieur soient au chômage ?

7 Réviser le cours en 8 questions flash

→ FICHES 33 à 36

1. Que peut espérer un individu du développement de son capital humain ?
2. Comment une économie peut-elle développer son capital humain ?
3. Quel rôle joue la qualification dans la détermination du salaire ?
4. La qualification est-elle le seul déterminant du salaire ?
5. Quel lien peut-on faire entre qualification et chômage ?
6. Le niveau de qualification est-il le seul déterminant du taux de chômage ?
7. Comment expliquer les inégalités de réussite scolaire ?
8. Comment évoluent les inégalités devant l'école ?

8 Comprendre un tableau statistique

→ FICHE 35

Document **Caractérisation de l'emploi trois ans après la fin des études initiales selon le diplôme**

	Part des jeunes en CDI ou fonctionnaires (%)		Part des jeunes en emploi de cadres ou professions intermédiaires (%)		Salaire net médian (€ constants)[1]	
	Génération 2010	Génération 2013	Génération 2010	Génération 2013	Génération 2010	Génération 2013
Non-diplômés	33 %	29 %	14 %	17 %	1 140	1 200
CAP-BEP	51 %	45 %	10 %	13 %	1 270	1 300
Bac professionnel	59 %	53 %	26 %	25 %	1 310	1 330
Bac technologique	46 %	42 %	27 %	32 %	1 260	1 280
Bac général	45 %	39 %	39 %	40 %	1 270	1 280
Diplôme du supérieur	69 %	66 %	81 %	78 %	1 750	1 710
Ensemble	**59 %**	**55 %**	**51 %**	**51 %**	**1 450**	**1 460**

1. Jeunes salariés à la date de l'enquête.

Champ : primo-sortants du système éducatif, en emploi à la date d'enquête, France entière.

Source : CEREQ.

1. Faites une phrase avec la valeur « 1 460 » située au bout de la ligne « ensemble ».
2. Montrez qu'il existe une corrélation positive entre le niveau de diplôme et le salaire.
3. Montrez qu'il existe une corrélation positive entre le niveau de diplôme et la stabilité de l'emploi (le CDI et le statut de fonctionnaire correspondent à des emplois plus stables que les autres).

Savoir-faire

Interpréter une médiane

- La **médiane** est la valeur d'une variable qui sépare une population en deux parties égales. Son intérêt est d'être insensible aux valeurs extrêmes : elle peut rester identique, même si la valeur la plus élevée ou la valeur la plus faible sont très éloignées des autres valeurs.
- **Pour la calculer**, il faut :

1. choisir une variable qui permet de distinguer les individus ;
2. observer la valeur de cette variable pour chaque individu ;
3. classer les individus dans l'ordre croissant selon cette variable ;
4. repérer la valeur qui divise la population en deux parties égales.

OBJECTIF BAC

9 Les enjeux du capital humain • Raisonnement

1 h 20

Cet exercice vous propose une méthode pour construire un raisonnement structuré s'appuyant sur deux documents : un tableau et un texte.

LE SUJET

En quoi la poursuite d'études est-elle un investissement en capital humain ?

Document 1 Salaire mensuel net médian en 2016 des salariés à temps complet selon le diplôme et la durée depuis la sortie de formation initiale (en €, en France)

	Diplôme				
	Diplôme du supérieur	Diplôme du supérieur court	Baccalauréat	CAP-BEP	Aucun diplôme, brevet des collèges
Sortis depuis 1 à 4 ans de formation initiale	1 860	1 400	1 300	1 300	n.s
Sorties depuis 5 à 10 ans de formation initiale	2 120	1 700	1 450	1420	1 300
Sortis depuis 11 ans ou plus de formation initiale	2 730	2 170	1 800	1 660	1 530
Ensemble	**2 400**	**2 000**	**1 670**	**1 600**	**1 500**

Source : Insee, enquête Emploi 2016.

Document 2

Dans la théorie économique, l'éducation revêt un rôle important dans la dynamique de la croissance : elle améliore notamment la productivité du travail (amenant à un PIB de niveau plus élevé) et augmente les capacités d'innovation de l'économie (amenant à un taux de croissance plus élevé). Dès la fin des années 1980, plusieurs économistes cherchent à vérifier si les données confirment ces prédictions. [...] [Une] simulation d'une réforme française de l'éducation qui permettrait à la France d'atteindre le niveau de performances des élèves allemands ou coréens [...] fait apparaître des gains substantiels de croissance économique.

Source : « L'éducation peut-elle favoriser la croissance ? », note d'analyse n° 48, *France Stratégie*, juin 2016.

Méthode

Organiser un développement structuré

Étape 1 Analyser le sujet

- C'est une étape essentielle pour éviter le hors sujet.
- Identifiez et définissez les notions clés qui apparaissent dans l'énoncé du sujet, pour vous assurer de bien les comprendre.
- Décryptez la consigne → MÉTHODE p. 80.

Étape 2 Faire un plan provisoire

En vous appuyant sur vos connaissances du cours, élaborez rapidement un plan : il vous guidera dans la recherche d'arguments dans les documents.

Étape 3 Analyser et confronter les documents → MÉTHODE p. 165

Lisez chaque document et notez la ou les informations principales qu'il donne. Puis, mettez en relation et confrontez les documents.

Étape 4 Finaliser le plan

Complétez et/ou modifiez votre plan provisoire grâce aux arguments suggérés par les documents.

▶▶▶ LA FEUILLE DE ROUTE

Étape 1 Analyser le sujet

- Deux notions sont importantes ici : l'**investissement** est une dépense visant à augmenter les ressources productives ; le **capital humain** est le stock de ressources productives incorporées aux individus.
- La consigne « En quoi » appelle une analyse : l'énoncé des raisons pour lesquelles on considère les études comme un investissement en capital humain.

Étape 2 Faire un plan provisoire

Le cours propose un plan en deux grandes parties : la première montre qu'il s'agit d'un investissement pour l'individu ; la seconde, pour l'économie.

Étape 3 Analyser et confronter les documents

- Le document 1 montre que le salaire augmente avec le diplôme et l'expérience.
- Le document 2 indique que la poursuite d'études est un investissement pour l'économie : elle stimule sa croissance.

Étape 4 Finaliser le plan

Le document 1 permet de distinguer deux subdivisions dans la première partie : l'une indiquant que le salaire proposé un à quatre ans après la fin des études augmente avec le diplôme ; l'autre, qu'avec l'ancienneté le salaire des plus diplômés augmente plus vite que celui des autres → CORRIGÉ p. 188.

CORRIGÉS

SE TESTER QUIZ

1 Les études, un investissement en capital humain

1. Réponse c. Le capital humain est constitué des savoirs, de la santé et de la connaissance du système économique.

2. Réponse b. La qualification est mesurée par le niveau de diplôme et l'expérience.

2 La détermination du niveau des salaires

1. Réponses a, b et c. Le salaire peut être fixé par convention en fonction du diplôme, augmente statistiquement avec le niveau de diplôme et peut être inférieur au salaire espéré au regard du diplôme possédé.

2. Réponse c. À diplôme égal, les femmes sont en moyenne payées 35 % de moins que les hommes.

3 Les causes du chômage

1. Réponse c. Selon Michael Spence, le diplôme est un signal qui indique la qualité du salarié.

2. Réponses a, b et c. Le chômage s'explique par une insuffisance de qualification, de demande de biens et services, et de demande de travail.

À NOTER
Les entreprises offrent des emplois et demandent du travail. Les travailleurs, eux, demandent des emplois et offrent leur travail.

4 La différenciation sociale face aux diplômes

1. **Réponse c.** Le capital culturel d'un individu est constitué de ses diplômes, de ses biens culturels et de ses dispositions culturelles.

2. **Réponses a, b et c.** Les inégalités de réussite scolaire s'expliquent par les choix des individus, leur capital culturel et le contexte scolaire.

S'ENTRAÎNER

5 Comprendre le vocabulaire du cours

1. • **Capital humain** : stock de ressources productives incorporées aux individus.
• **Capital culturel** : ressources culturelles que possède et peut mobiliser un individu.
• **Qualification** : capacité à exercer un métier déterminé.
• **Capabilités** : faculté de choisir ses objectifs et de les atteindre.

2. a. La poursuite d'études est un **investissement** en **capital humain**. Sa rentabilité est mesurée par les chances d'accéder à un emploi, le **salaire** qu'elle permet d'espérer et l'évolution de ses capabilités.
b. Les personnes les plus qualifiées ont en moyenne un **taux de chômage** plus faible et un salaire plus élevé.
c. Mais d'autres paramètres sont à prendre en compte : **l'écart entre l'offre et la demande de travail**, l'encadrement étatique des salaires, le **sexe** des salariés et la taille des entreprises influent sur les salaires ; l'évolution des besoins des employeurs, l'offre et la **demande de biens et services** influent, elles, sur le chômage.

6 Se repérer sur un graphique

1. Le taux de chômage d'une population se calcule de la façon suivante :

$$\frac{\text{nombre de chômeurs dans une population}}{\text{nombre d'actifs de la population}} \times 100$$

2. On observe sur le graphique une **corrélation négative** entre le niveau de diplôme et le niveau de chômage : le second diminue lorsque le premier augmente. Selon les chiffres de l'Insee, en 2016, parmi les jeunes sortis de formation initiale depuis un à quatre ans, **8,8 %** des actifs diplômés de l'enseignement supérieur étaient au chômage, contre **48,4 %** des actifs sans diplôme ou possédant le diplôme du brevet. Notons également que ce taux a augmenté de 16 points entre 2002 et 2016 chez les seconds, alors qu'il est plus faible en fin de période pour les premiers.

3. Il s'agit ici de jeunes actifs sortis depuis moins de quatre ans de formation initiale et possédant donc **peu d'expérience** ; en outre, la **demande de travailleurs diplômés** peut être inférieure à l'offre : si la demande de biens et services est insuffisante ou si les diplômes des candidats ne correspondent pas aux qualifications recherchées par les employeurs.

7 Réviser le cours en 8 questions flash

1. En développant son capital humain, un individu peut espérer améliorer son **revenu** et ses **interactions sociales**, et ainsi augmenter ses **capabilités**.

2. Une économie peut développer son capital humain par des **politiques éducatives**, **familiales**, **sociales** ou **de santé**.

3. La qualification **stimule la productivité** du travailleur et favorise donc un salaire plus élevé. En outre, une convention collective peut imposer que la **rémunération augmente** automatiquement avec la qualification.

4. La qualification n'est pas le seul déterminant du salaire. D'autres facteurs interviennent : **l'offre et la demande de travail**, l'intervention des **administrations publiques**, le **sexe du salarié** et la **taille de l'entreprise**.

5. Il existe une **corrélation négative** entre qualification et chômage : plus le niveau de diplôme ou l'expérience est faible, plus le risque de chômage est élevé.

6. Aux côtés du niveau de qualification, d'autres facteurs déterminent le taux de chômage : l'adaptation des qualifications aux **besoins des employeurs**, des **salaires** trop élevés, ou l'insuffisance de **demande de biens et services** aux entreprises.

7. Les inégalités de réussite scolaire s'expliquent de plusieurs façons : par les **choix** qu'opèrent les individus, par le **milieu social d'origine**, ou par le **contexte scolaire**.

8. L'évolution des inégalités scolaires en France est ambigüe. D'un côté, on assiste à une certaine **démocratisation scolaire** ; de l'autre, **certaines inégalités persistent**, liées à l'origine sociale et au sexe.

8 Comprendre un tableau statistique

1. Selon le CEREQ, en 2016, la moitié des salariés sortis de formation initiale depuis trois ans perçoit un salaire net mensuel **supérieur à 1 460 €.**

CONSEIL
Pour présenter un revenu médian, ne dites pas « le revenu médian est de... », mais « la moitié de la population étudiée gagne plus de... ».

2. On observe que ce **salaire médian** augmente avec le niveau de diplôme : selon le CEREQ, en 2016, parmi les salariés sortis depuis trois ans de formation initiale, 50 % des diplômés du supérieur perçoivent un salaire net mensuel supérieur à 1 710 €, soit **510 € de plus que les non-diplômés.**

3. On observe que la **stabilité de l'emploi augmente avec le niveau de diplôme** : selon le CEREQ, en 2016, parmi les salariés sortis depuis trois ans de formation initiale, 66 % des diplômés du supérieur sont en CDI ou fonctionnaire, contre 29 % des non-diplômés.

OBJECTIF BAC

9 Raisonnement

[Introduction] La poursuite d'étude peut être considérée comme un investissement en capital humain : elle représente en effet une dépense pour les individus et pour la collectivité, visant à augmenter leurs ressources productives.

[Partie I] En poursuivant ses études, l'individu augmente ses savoirs et donc ses capabilités, c'est-à-dire sa capacité à réaliser les objectifs qu'il se fixe.

[A] La poursuite d'études augmente ses chances d'accéder à un revenu élevé. Selon l'Insee, 50 % des salariés diplômés du supérieur long, sortis depuis un à quatre ans de formation initiale, perçoivent un salaire net mensuel supérieur à 2 120 €, soit 560 € de plus que les titulaires des seuls CAP-BEP (doc. 1).

> **CONSEIL**
> N'hésitez pas à poser des calculs à partir des données pour enrichir votre réponse.

[B] En outre, avec l'ancienneté, l'écart de salaire net médian augmente en faveur des plus diplômés : il est de 560 €, un à quatre ans après la sortie de formation initiale, et de 1 070 €, 11 ans ou plus après.

[Partie II] Les études permettent aussi d'accélérer le rythme de croissance de l'économie.

[A] En effet, une main-d'œuvre plus qualifiée est plus productive et plus apte à innover : ses connaissances lui permettent de prendre en charge des activités plus complexes, mais également de concevoir des procédés de production plus efficaces, et ainsi d'augmenter le produit intérieur brut (doc. 2).

[B] En outre, l'engagement civique et social augmente avec la qualification et donc le capital humain. Il favorise la cohésion sociale qui, elle-même, peut stimuler les échanges et donc la croissance économique.

INDEX

CRÉDITS PHOTOGRAPHIQUES

9	Eric Feferberg/Afp
10	Costa/Leemage
12	RDA/Rue des Archives
17	Collection Prod DB /© 20th Century Fox Television/ DR
25, 4 hg	Gilles Rolle/Rea
27	Mathieu Génon/Hans Lucas
31	Jérome Chatin/Expansion-Rea
45, 4 bg	Martin Meissner/AP/Sipa
65	Julien Coquentin/Hans Lucas
67	Airbnb
85, 5 hd	Gilles Rolle/Rea
91, 161	Till Jacket/Photononstop
101, 5 hg	Laurent Cerino/Rea
105	Paul Bradbury/Caiaimages/Plainpicture
108	Catherine Delahaye/Sipa
110	Goodluz/stock.adobe.com
111	Robert Daly/Caiaimage/Getty Images
121	Prod DB ©MK2/Télérama / DR
123	Age/Photononstop
128 h	Lurii Sokolov/stock.adobe.com
128 b	Kenzo Tribouillard/Afp
137, 6, 160	Philippe Wojazer/Reuters
143	Rhona Wise/Afp
153	Lionel Bonaventure/Pool/Afp
157	Stephane de Sakutin/Afp
169, 7	Eric Feferberg/Afp

Achevé d'imprimer par L.E.G.O. S.p.A. - Lavis (TN) - Italie
Dépôt légal : 05283 - 3/01 - Juin 2019